JN438492

하지윤 수필집

수필과비평사

■ 작가의 말

꽃이 내 안에 들어와 숨쉬던 날부터
조금씩 내려놓은 지금까지
꽃은 글을 쓰는 자양분이 되었습니다.
첫 수필집을 내고 6년 만에 2집을 묶습니다.
시간이 흐른 만큼 글도 여물어져야 하겠지만
여전히 서걱거립니다.
부지런히 걸어온 것 같은데
멀리 가거나 높이 뛰지도 못했던 것 같습니다.
책을 묶는 것은 새로운 마음으로 다시 걷기 위해서입니다.
그 길은 한결 가벼울 것도 같습니다.

2023년 가을

허지윤

차례

제1부
봄을 사다

제2부
가을을 담다

제3부
라일락이 피는 집

제4부
라벤더 향기로 말을 걸다

숨겨져 있는 풍경. 2022. 5. 17. 장세련

제1부

봄을 사다

봄을 사다

길을 나선다. 차창 밖으로 보이는 산에 연둣빛이 돈다. 밭이랑 끝엔 꽃등을 켠 매화나무가 화사하다. 한 시간여를 달린 버스가 부산 근교 정류장에 도착하자 지하철을 타려는 사람과 역 앞 장터로 가는 이들이 흩어진다. 건널목에서 바라보는 장마당은 일찍 온 사람들로 인산인해다.

신호가 바뀌자 나도 사람들 틈에 묻혀 길을 건넌다. 어깨를 부딪쳐 가며 시장 안으로 들어간다. 상인들과 구경꾼들이 나이가 좀 들어 보인다. 시절 변화에 따라 젊은 사람들은 백화점으로 가고, 나이가 든 이들은 장을 찾기 때문인 것 같다. 오일장의 모습이 마치 흑백 영화를 보는 느낌이다.

시장 풍경이 낯설지 않다. 예전에 할머니를 따라나섰던 장날도 그랬다. 난전에 걸린 가마솥에는 소고깃국이 끓고 있었다. 낡은 나무 의자에 앉아 국 한 그릇에 밥 한 공기 앞에 놓고 늦은 점심을 먹던 사람들의 표정은 행복해 보였다. 국화빵을 사서 손에 쥐여 주고, 국밥을 후후 불어서 먹여 주던 할머니가 문득 그리웠다. 난전에 앉아 국물을 들이켜는 사람들을 멀거니 바라봤다.

약초를 파는 상인과 손님이 반갑게 포옹까지 하는 모습이 정겹다. 꽤 오랫동안 그곳이 정해진 자리였음을 알 것 같다. 볶은 둥굴레와 잘 말린 연자육과 우엉차를 파는 이순쯤의 남자는 제법 넓은 자리를 차지하고 손님을 끈다. 체구가 작은 노인은 어린 쑥을 바구니에 담아 놓고 분무기로 연신 물을 뿌린다. 너불너불한 겨울초를 수북이 담아 놓고 손님을 기다리는 중년의 여인은 실팍해 뵈는 몸집만큼 인심도 좋다. 길이가 짧고 붉은 초벌 부추는 손님들이 잡기가 무섭게 팔려나간다. 버섯과 부추, 겨울초와 냉이, 달래와 쪽파를 사든 나도 그곳 풍경의 일부가 된다.

넓은 장터를 한 바퀴 돌아 한길로 나온다. 꽃집 앞에는 각종 묘목이 서로 등을 기댄 채 서 있다. 널브러진 가지를 새끼줄로 묶은 모습이 추수가 끝난 볏단 같기도 하고, 한복 치마의 허리를 질끈 맨 옛 여인 같기도 하다. 붉은빛을 띤 작약은 조그마한 포토 분에 담겨 나와 있고, 수선화, 히아신스도 수줍게 얼굴을 내밀고 있다. 그 모두 일반 화원에서 사는 것보다 꽃이나 묘목 값이 저렴하다.

난蘭을 취급하는 가게에서 홀린 듯 취한 듯 꽃을 구경한다.

"무슨 꽃을 드릴까요?"

낯선 목소리에 돌아보니 그녀의 옷이 온통 봄이다. 진달래 빛 티셔츠에 연베이지색 팬츠가 꽃처럼 화사하다. 구경꾼처럼 서 있기에 손님인가 했는데 그녀가 주인이다. 고객에게 마음놓고 꽃을 구경시키려는 배려였을까, 아니면 그녀만이 터득한 상술일까. 손님에게 무한정 시간을 주는 그

전략이 마음이 든다. 가게 앞에는 난 분 외에도 작은 화분들이 상품으로 나와 있다. 꽃 화분을 고르거나 사는 사람들은 작은 배낭을 등에 멘 노인들이 많다. 그들은 어렵게 고른 화분을 들고 놓기를 수 없이 하다 꼬깃꼬깃한 천 원짜리 지폐 몇 장을 써내 주고 흡족해서 그곳을 떠난다.

짙은 핑크 장미꽃 화분을 고른 노신사는 은발이 시선을 끈다. 잘 차려입은 트렌치코트가 멋스럽게 어울리는 그는 마치 1950~60년대 영화 속 남자 주인공을 떠올리게 한다. 체형까지 꼿꼿한 그가 꽃집을 나간다. 손에는 좀 전에 산 장미 화분이 들려 있다.

나도 꽃을 고른다. 막 꽃을 피우고 있는 긴기아난 하나를 사서 화원을 나온다. 매화의 개화를 놓치고 얻은 봄꽃이다. 긴기아난은 한동안 향기로 자신의 존재를 알려 줄 것이다.

오일장은 이른 봄을 마중나온 사람들이 찾는 곳이기도 하고, 봄나물과 봄꽃을 만날 수 있는 곳이기도 하다. 흘려보낸 시간, 그것 말고는 다 사고팔 것 같은 오일장의 풍경은 여유가 있어 좋다. 두 손 가득 봄을 사서 돌아가는 길,

오랜만에 발걸음이 가볍다.

어느덧 해가 이울고 있다. 돌아오는 버스 안에는 장터에서 본 몇 사람도 타고 있다. 향기의 진원지를 찾는 사람들의 눈이 나와 마주친다. 화분을 가볍게 들어 보였더니 승객 몇이 고개를 끄덕이며 환하게 웃는다.

소리를 읽다

현관문을 나서려다 걸음을 멈춘다. 남편이 통도사에 가거든 맑은 소리 나는 풍경 하나 사 오라는 당부다. 조심스레 말을 건네는 그의 얼굴에 옅은 그림자가 스친다. 왜 갑자기 풍경이 필요한지 물어보려다 차 시간 때문에 그만둔다.

지인과 넷이 모여 통도사 홍매화를 만나러 가는 날이다.

마침 눈이 내려 세상이 하얗다. 사찰이 가까워지자 길가의 나무들이 제 몸에 쌓인 눈을 툭툭 털어내고 있다. 어디선가는 나뭇가지 꺾이는 소리도 들린다. 원시의 정취를 느끼며 사찰에 도착한다.

이른 시간인데도 경내는 사람들로 북적였다. 홍매화에 앵글을 맞추는 사람, 꽃향기를 맡는 사람, 단체 사진을 찍는 사람들로 소란스러웠다. 꽃을 보며 여기저기서 탄성이 터져 나오기도 했다. 느긋하게 홍매를 감상하려던 생각은 거둬야 했다. 인파를 뒤로하자 불교용품 가게가 눈에 들어왔다.

남편 부탁이 생각났다. 나는 풍경 여러 개를 꼼꼼하게 살폈다. 비슷한 크기였지만 소리는 제각기 달랐다. 어떤 것은 은은하고, 어떤 것은 워낭 소리 같았다. 하나씩 흔들어 보고서 맑은 느낌의 소리를 선택했다. 개량 한복을 얌전히 입은 젊은 주인이 연꽃 그림이 그려진 봉투에 풍경을 넣어 주었다.

근처 찻집으로 간 우리 일행은 햇살이 비치는 창가에 자리 잡고 앉았다. 실내에는 귀에 익은 피아노 연주곡이 흐르고 있었다. 남택상 님의 〈강가의 아침〉이었다. 새벽 강가에 안개가 흩어지는 상상을 하며 잠깐 사색에 잠겼다. 그때 예닐곱 명의 손님들이 들어와 옆 테이블을 차지하고 앉았다. 옷에 묻어온 찬 기운이 제법 서늘하게 느껴졌다.

그들은 차를 주문하더니 대화를 시작했다. 높아지기 시작한 목소리에 음악은 묻혀 버렸고, 귀를 기울이지 않으면 우리 서로의 말도 알아들을 수 없었다. 한쪽의 목소리가 올라가니 다른 한쪽도 소리를 높였다. 왁자한 소리를 뒤로 하고 서둘러 찻집을 나왔다.

사람이 모이는 자리는 어디든 소란스럽다. 스스로 조심하지 않으면 목소리가 커지게 되고, 어느 순간 자신들의 말이 소음이 되는지도 모를 때가 있다. 풍경 소리도 시끄러운 세상 이야기와 섞이는 순간 특유의 맑은 소리를 잃게 된다. 어떤 소리든 오롯이 혼자일 때 고유의 의미를 갖게 된다. 합창이나, 여러 악기가 어울려 연주하는 오케스트라가 아니라면 말이다.

뉴스 채널을 돌려 보면 패널로 나온 사람들과 집회에 나온 사람들의 목소리는 너나 할 것 없이 크다. 자신의 주장을 내세우며 옳다 그르다는 말을 해댄다. 어쩌면 그리도 다른 목소리들을 내는지. 듣다 보면 맞는 것도 같고 아닌 것도 같다. 설혹 자기 생각이 옳더라도 타인의 입장을 배려하면 좋으련만 그런 것들은 아예 안중에 없어 보인다. 마치 큰 소리를 내면 그것이 다 옳은 것이라는 듯. 세상의 소리는 저마다 크기만 하고 제 욕망을 채우기 위한 것이어서 시끄럽기만 하다.

그동안 나는 어떤 목소리를 내며 살았을까? 누군가에게 힘이 되는 소리를 해본 적이 있었던가? 때로 내 입장만 앞세우고 상대에게 상처가 되는 말을 하지 않았는지 모를 일이다. 마음에서 들려오는 소리에 귀 기울이지 않으면 사람들의 말에 쉽게 흔들리기도 하고 때로는 상처를 입기도 한다. 나는 늘 한발 늦는 편이다. 그래서 말이 꼭 필요한 순간에 제때 말 할 수 있는 지혜를 달라고 기도한다.

몇 해 전 겨울, 남편과 여행 중에 속리산 법주사에 들렀다. 사찰에 들어서자 5층 목조불탑인 팔상전이 눈에 들어왔다. 탑 모서리마다 풍경이 달려 있었다. 내가 본 것 중에 가장 많은 수였다. 바람의 방향이나 세기에 따라 다르게 와닿던 풍경 소리에 한참 취해 있었다.

풍경은 경세警世의 의미를 지닌 도구이다. 물고기 모양의 얇은 금속판을 매달아 둔 것은 눈을 뜨고 자는 물고기처럼 수행자가 항상 깨어 있으면서 늘 자신을 돌아보라는 뜻이라고 한다. 문득 번잡하기만 했던 산 아래 일들이 허무하다는 느낌이 들었다. 그날 나는 마음 한 자락을 그곳에 두고 왔다.

풍경은 자신의 주장을 전달하려고 하지 않는다. 다만 바람에 반응할 뿐이다. 이것이 때로 어리석은 중생에게 깨우침으로 다가오기도 하고, 자연과 더불어 아름다운 정취를 느끼게도 해준다. 제 안쪽을 두드려 소리를 얻는 풍경처럼, 나도 내 안의 맑은 소리를 깨워 보고 싶다. 이런저런 생각들이 통도사를 뒤로하고 걷는 나를 따라온다.

어느새, 해는 서산에 걸리고 산 그림자가 내려앉았다. 문득 "겨울 산이 적막한 것은 새들이 떠났기 때문이라"고 했던 법정스님의 말이 떠올랐다. 적막한 것이 산뿐이었을까. 들고 나는 산문도, 절집을 오가는 길도 그러했다. 오직 봄이 먼저 온 홍매화 주변만 딴 세상 같았다. 모든 소리를 물리치고 제 자신으로 침잠하는 겨울 산이 어쩌면 하나의 풍경인지도 모르겠다.

남편 앞에 풍경을 꺼내놓았다. 그가 반겼다. 아침에 물으려던 말을 꺼내자 "풍경을 달아 두면 집안에 좋은 기운을 준다."는 말을 들었다고 했다. 경제가 어려운 상황이니 그의 마음이 소란스러웠을지도 모르겠다. 복잡한 심사心思를 풍경에라도 기대고 싶었던 걸까 생각하니 마음이 짠해졌다.

베란다 처마밑에 풍경을 매단다. 시린 허공에 물고기 한 마리가 화두처럼 떠 있다. 마침 불어오는 바람에 "땡~, 땡그랑" 소리가 울린다. 돌아보니 남편이 빙그레 웃고 있다.

정원이 있는 풍경

느티나무 공원 입구에 꽃장식 아치형 문이 세워졌다.

'국가정원 선포식'을 며칠 앞둔 태화강 대공원에 사람들이 모여든다. 두 손을 꼭 잡은 연인들과 교사의 인솔로 나온 유치원생들, 마을 노인정에서 온 어르신들까지 다양한 사람들로 공원은 생기롭다.

대숲 입구에는 국화가 피기 시작하고, 실개천 주변에는

억새가 가을의 정취를 더해 준다. 하지만 계절이 주는 스산함 때문일까. 내 키보다 더 자란 억새를 보고 있자니 예전과 다르게 어색하고 불편한 느낌이 든다.

이런 느낌은 봄, 가을 꽃자리에 작가들의 정원이 들어서고부터다. 벌써 몇 해가 된 일이다. 이맘때면 항상 반겨주던 코스모스는 보이지 않고, 바람개비가 대신하고 있다. 가을날의 정취와는 동떨어진 느낌이다. 여기저기 세워져 있는 조형물도 이질적이다. 국가정원에 새로운 변화를 시도하는 중이란 걸 이해는 한다. 하지만 이전의 모습을 잃어가고 있다.

불과 몇 해 전만 해도 봄이면 공원 들머리 양옆엔 꽃양귀비와 수레국화, 안개꽃이 방문객을 맞았다. 그 꽃들이 만개할 즈음, 다른 쪽엔 바통을 넘겨받은 선수처럼 작약이 피었다. 대숲으로 가는 길목 실개천은 멀리서 보아도 알 수 있었고, 길가의 대나무 울타리는 시골길의 향수를 더해 주었다.

하지만 작가들의 정원을 앞쪽에 배치하면서 공원은 제 모습을 잃었다. 처음부터 그 정원이 대숲 근처로 자리했으면 어땠을까. 공원 들머리에 제철 꽃을 심어 이곳을 찾는 이들이 들녘의 분위기에 젖게 한 후, 작가들 코너를 보게 한다면 그 느낌은 배가 되지 않았을까. 그랬다면 라벤더와 체리세이지 허브 밭과도 자연스레 연결되고 키 낮은 식물들과 정원이 어우러져 더 조화로웠을 것이다.

새롭게 조성한 꽃자리에는 라벤더와 체리세이지가 군락을 이루고 있다. 몇 해 되지 않았는데도 제법 풍성한 모양을 갖추었다. 오월 중순이 지나면 꽃을 피우는 라벤더, 그 옆에 수선화를 심어 이른봄을 알려주고, 이어서 다년생 식물을 심는다면 해마다 다른 꽃을 심지 않아도 되니 경제적일 것이다.

오월 중순이 지나면 들은 여름 맞을 준비를 한다. 봄꽃 축제가 끝나고 사람들의 발길이 뜸해지면 부산하던 분위기가 차분해진다. 오월 끝 무렵부터 피는 라벤더와 금계국이 초여름까지 장관을 이룬 후부터 태화들은 비로소 휴식에 들어간다. 그즈음 실개천 가에 피는 망초꽃을 상상하면 저절로 미소가 머금어진다. 한여름 그늘이 부족한 들녘에서 해바라기를 만나면 강인한 아름다움에 취해 잠시나마 더위도 잊을 것 같다. 사철 늘 같은 꽃을 보는 일이 진부할 수도 있겠으나, 시즌에 맞춰 태화들을 찾은 이들은 선경후정先景後情을 온전히 느낄 수 있지 않을까.

태화강 근처로 이사를 한 게 20년 전이다. 그때는 주변이 논과 밭이었고, 간간이 비닐하우스도 눈에 띄었다. 비가 많이 내릴 때면 들이 자주 물에 잠기기도 했다. 그동안 태화들은 조금씩 새로운 모습을 보여주었고, 국가정원이 되기까지 오랜 시간이 걸렸다. 이제는 국내외 관광객들도 자주 찾는다. 다양한 방문객을 만족시키려면 환경과 조경, 식물 전문가들의 끊임없는 관심이 필요하다.

정원을 만들 때는 환경과 기후, 지형이 큰 역할을 하고 식물의 분포도 중요하다. 중국의 정원은 신선사상을 배경으로 한 자연 풍경식이다. 경관이 수려한 곳에 인위적으로 암석과 수목을 배치하여 심산유곡의 느낌이 들도록 한다. 일본은 자연 풍경을 이상화하는 독특한 축경법과 차경借耕수법을 쓴다. 또한 인공적 기교를 중시하고 축소 지향적이다. 우리나라 정원은 풍수지리설의 영향을 받아 신선 사상을 배경으로 하는 자연과의 일체감을 중요하게 생각한다.

낙엽 활엽수를 심어 계절의 변화를 즐기기도 하고, 정원을 자연의 일부라 여긴다. 태화들은 그런 조건들을 충분히 만족시킬 수 있는 공간이다.

수레국화와 안개꽃, 꽃양귀비를 태화들에서 만났을 때 꿈인가 했다. 수레국화가 처음 국내에 들어왔을 때는 우리 땅에서 재배가 어려웠다. 화원을 통해서나 볼 수 있었던 꽃이 들녘에 무수히 피어 있어 놀랐다. 은은하고 다채로운 색감을 지니고 있는 꽃의 모습은 큰 화폭에 담긴 수채화를 보는 듯했다. 꽃꽂이에 다양하게 쓰이는 안개꽃을 만났을 때는 환상적인 분위기에 발길이 저절로 멈춰졌다. 꽃양귀비는 봄의 정원을 물들이며 붉은 바다를 이루었다. 바람이 꽃 무리를 흔들고 지날 때마다 파도를 타듯 너울거렸다. 그 풍경을 사진으로 담는 사람들 모습도 아름다웠다.

사람의 신체 중에 치아 하나가 썩어도 실력 있는 의사는 그 부분만 제거하고 뿌리는 남겨 오래 쓰게 한다고 한다. 그처럼 기존의 수목이나 꽃을 뽑아 버리거나 새로운 변화를 주는 일은 다시 생각해 볼 일이다. 근래에 수목이나 꽃

자리 변화 때문인지 낯설다는 느낌을 지울 수 없다. 하지만 단번에 이루어지는 것이 없다고 했다. 사람의 정성이 더하고 시간이 흐르면 누구나 찾고 싶은 곳이 될 거라 믿는다.

이제 서막을 여는 국가정원이 자연 친화적으로 바뀌어 갔으면 한다. 옛것을 살려 목가적인 모습도 잃지 않길 바란다. 늘 보아 왔던 것은 향수를 불러일으키고, 익숙한 것에서 얻는 정서적 공감은 마음의 위안을 주지 않던가. 변화의 바람도 좋지만, 원래의 모습을 보존해서 새로운 것과 자연스럽게 스며들게 하는 것도 좋을 것 같다. 어쩌면 그것이 태화들의 모습을 제대로 보여 주는 길인지도 모른다.

국수

끓는 물에 면을 넣는다. 익힌 국수를 찬물에 헹궈 큰 대접에 담는다. 멸치 육수를 붓고 갖가지 고명을 올린다. 그릇 안이 화사한 꽃밭이다.

간단한 듯해도 손이 많이 가는 음식이 국수다. 육수를 끓이고 고명을 만드는 과정은 번거롭다. 밥을 하고 반찬을 만드는 것만큼 시간과 정성을 들여야 한다. 긴 시간을 조리대 앞에서 서성여야 하는 일은 온전히 주부의 몫이다. 그런데도 굳이 집에서 국수를 해 먹는 이유는 가족에게 정성을 더하고 싶어서다.

남편과 작은아들은 비빔국수를 좋아하고, 큰아들과 나는 국물 있는 걸 즐긴다. 고명은 호박과 당근, 소고기를 갈아 볶아서 올리기도 하고, 볶은 김치에 김 가루를 첨가해서 먹기도 한다. 비벼 먹는 국수는 양념장이 맛이 있어야 하고, 물국수는 육수가 맛을 좌우한다. 한 끼의 별미, 그 마침표는 가족들의 "맛있다."는 말이다.

어렸을 적 친정에선 밀 농사를 지었다. 갓 추수한 밀을 방앗간에 가져가 가루를 내고, 그 가루를 반죽해 국수를 뽑았다. 면발은 색깔이 거무스레했다. 바쁜 일손에도 어머니는 멸치 육수를 끓이고 볶은 애호박과 데친 부추를 고명으로 올려 맛깔스럽게 차려냈다.

입맛이 없다가도 옆에서 맛나게 먹는 모습을 보면 식욕이 당겼다. 금세 한 그릇을 비우고 나면 포만감이 밀려왔다. 그때 우리가 느꼈던 행복감 뒤에는 어머니의 고충이 있었다. 양식이 부족해서 밀가루 음식을 자주 먹을 수밖에 없었던 시절이었다. 한 끼 양식을 위해 매운 연기를 마시며 아궁이에 불을 때야 했던 어머니의 눈물을 알지 못했다.

이제 식구 중 몇 분이 세상을 떠났고, 어렸던 우리들은 각자 가정을 꾸릴 만큼 나이가 들었다. 생각해 보면 음식도 그때 먹었던 것이 더 맛이 있었던 것 같다. 어머니가 차려주었던 국수와 요즘 내가 식구들에게 만들어 주는 것과는 비슷한 과정을 거쳤어도 분명 다를 것이다. 하지만 가족을 위하는 마음만은 닮았다.

졸업 후 타지에 있을 때 유난히 생각나던 음식이 어릴 적 먹었던 우리밀 국수였다. 그럴 때마다 찾았던 근처 분식집엔 인심 좋은 주인이 있었다. 똘똘 말아둔 국수를 덤으로 풀어주던 손이 왜 그리도 따뜻하게 느껴지던지. 나는 그때 분식집 주인에게서 어머니를 보았다. 세월이 20년쯤 흐른 어느 날 들렀으나 이미 흔적도 없이 사라지고 난 뒤였다. 그 자리엔 빌딩이 나란히 버티고 서 있었다.

《동의보감》에 밀가루는 장腸과 위胃를 튼튼히 하고, 기력을 보하여 오장五腸을 도와 오래 먹으면 몸이 튼튼해진다고 되어 있다. 묵은 밀가루는 열과 독이 있고, 풍風을 동動하게 한다고 해서 유통기간을 중시했다. 오래전 기록이니 미국의 원조가 들어오기 전까지 우리 땅에서 난 밀가루를 두고 한 말일 것이다. 6·25 전쟁이 끝난 뒤 한동안 우리는 미국의 원조를 받았다. 그때 밀도 함께 들어왔으며 소비 장려를 위해 분식의 날이 지정된 적도 있었다.

요즘은 농산물이 풍부해서 다양한 곡물이나 채소가 들어간 국수를 사 먹을 수 있다. 호박, 오이, 당근 등 화려한 색을 섞어 국수의 다변화를 보여 준다. 하지만 아무리 화려하고 맛이 좋아도 예전 맛은 아니다. 은근하고 구수하던 그 맛을 지금은 어디서도 찾을 수가 없다.

오래전에 우리 밀로 만든 음식을 즐겨 먹었을 때는 그 가치를 모르는 어린 나이였다. 우리 밀의 가치를 아는 지금은 귀해서 자주 먹을 수가 없다. 예전에도 밀 농사를 짓지 않았던 가난한 사람들에겐 국수는 귀한 음식이었는지도 모른다.

예부터 혼기를 앞둔 사람들에게 '국수는 언제 주느냐?'는 인사를 했고 잔칫집에서는 으레 국수로 손님을 대접했다. 하지만 그 정겹던 인사도 이젠 듣기 어려워졌다. 어쩌다 가는 혼인식장에는 뷔페가 대신한다.

국수는 향수를 느끼게 하는 음식이다. 유년 시절 방앗간 막대 위에 말려 둔 국수를 받아 들고, 나풀거리며 집으로 돌아가면 그렇게 행복할 수가 없었다. 김이 나던 솥에서 국수를 건져 올리던 어머니와, 평상에 둘러앉아 식사를 하던 가족들의 모습이 눈에 선하다.

남편은 그릇 바닥을 긁고 아들은 국물까지 쭉 들이켠다. 맛있다는 말을 연신 하며 부자가 내게 다시 그릇을 내민다. 후루룩 소리가 정겨운 음악 같다.

술술 잘 넘어가는 면발처럼 삶도 저렇게 술술 잘 풀렸으면 하는 염원을 보탠다. 무엇보다 이 단란한 시간이 오래 지속되길 바란다.

가족사진

책장에서 먼지 묻은 앨범을 꺼낸다. 갈피마다 낯익은 얼굴이 반갑다. 그 속엔 다섯 살 때 내 모습이 있고 세상을 떠난 조부모와 아버지가 함께 찍은 사진도 있다.

어떤 일로 찍었을까? 누가 찍었는지 알 수 없으나 구도가 제대로 잡힌 가족사진이다. 할아버지와 할머니가 한복 차림인 것을 보니 집안 행사가 있었던 모양이다. 우리 사

남매는 어른들 앞에 나란히 앉아 있다. 학교에 들어가지 않았던 두 남동생은 검정 고무신을 신었고, 바로 아래 여동생과 나는 운동화를 신은 게 눈에 띈다. 그 무렵 유행했던 만화 운동화를 신고 기뻐했던 일이 기억난다. 마흔 전후로 보이는 부모님 모습이 풋풋해서 눈을 뗄 수가 없다.

삼대가 함께 살았던 시절, 물질적으로 풍족하진 않았지만 마음은 여유로웠던 그때가 내겐 행복한 추억으로 남아 있다.

귀한 사진이라며 남편이 인화해 준 사진을 가지고 친정에 갔다. 동생들은 그 사진을 반가워하면서도 언제 무슨 일로 찍었는지 기억나지 않는다고 했다. 팔순을 넘기신 어머니도 사진을 봤다. 남동생 둘은 어렸을 때라 그럴 수 있겠지만 어머니와 나도 기억나지 않으니 답답했다. 뒤늦게 도착한 여동생이 마침 그날을 기억해 냈다.

사진은 할아버지 회갑연回甲宴에 온 친척 아저씨가 찍었다고 했다. 사진 찍는 일이 그리 흔치 않던 때였는데 카메라를 챙겨 와 조부모 독사진과 가족사진을 찍어 준 것이었다. 유난히 조부모님을 많이 따랐던 아저씨의 모습이 어렴풋이 떠올랐다.

여동생 덕분에 우리는 그때로 돌아가 이야기꽃을 피웠다. 할아버지 책 읽는 소리에 귀를 모으던 기억과, 이웃 할머니들이 등잔불 아래 모여 앉아 소설 내용에 따라 울고 웃던 모습들이 눈에 선했다. 늦은 밤이 되어서야 집으로 돌아가던 할머니들의 나른해 뵈던 표정과 달빛 환하던 그 골목길이 아른거렸다.

아버지가 술에 얼큰하게 취해 노래를 부르곤 하던 게 엊그제 일 같은데, 곁에 계시지 않으니 그립다. 불혹의 아버지는 칠순이 못 넘기고 돌아가신 조부님 뒤를 황망히 따라갔다. 할아버지는 회갑을 넘긴 후부터 지병을 앓았으니 회복이 어려울 수 있었지만 젊은 아버지와의 이별은 가족들에게 큰 상처였다. 우리는 아버지의 부재에 결핍을 느끼며 살았다.

시간은 무언가를 끊임없이 데려다주기도 하지만, 매몰차게 앗아가기도 한다. 성인 남자가 없는 집에서 사별한 며느리를 보는 할머니의 심정은 어땠을까. 남편을 잃고 오랫동안 시어머님을 모시고 살아온 어머니의 마음 또한 짐작할 수가 없다. 지나간 시간을 생각하니 아득해서 마음이 아려온다.

생멸生滅하는 존재는 때가 되면 사라지지만 사진은 돌아갈 수 없는 시간을 추억하게 해줘서 소중하다. 지금 생각해도 가족이 다 모여 사진을 찍은 일이 기적처럼 생각된다. 액자를 보고 있으니 그리운 사람들이 사진 속에서 금방 걸어 나올 것만 같다.

뒤뜰 나뭇짐 뒤에서 진달래꽃 한 묶음을 꺼내 흔들며 나오실 것 같은 아버지. 대문 밖 양지쪽에 앉아 고갯마루를 아득하게 바라보시는 할아버지. 마당 한쪽에서 푸성귀를 다듬는 할머니. 밥을 짓기 위해 우물가에서 부산한 어머니의 모습이 현실인 듯 어른거린다. 개구쟁이 동생들도 흙바람을 일으키며 골목에서 달려 나올 것 같아 나는 주위를 두리번거린다.

사진은 추억을 묶어둔다. 가족사진은 자꾸 봐도 감동적이다. 사진 속의 그리운 모습들은 이제 가물거릴 만큼 아련하다. 만약에 지금 다시 만난다면 우리는 조부모님과 아버지를 알아보겠지만, 그분들은 우릴 알아보지 못할지도 모른다. 너무 나이가 들어 앞에 두고도 찾아 헤맬 것 같다. 가족이 함께 울고 웃던 시간을 추억하자 잠시나마 시간여행을 다녀온 느낌이다.

친정에서 헤어지던 날, 동생들은 사진을 조심스럽게 가방에 넣었다. 제집으로 돌아가서 때때로 가족들을 소환하여 추억에 젖으리라. 사진은 그 순간의 기억을 보관해 주는 마술 같은 것, "사진은 늙지 않는다."고 어떤 시인이 말했었다.

긴 시간 앨범 속에 있던 사진이 가슴을 먹먹하게 한 날이다. 더 나이 들기 전에 어머니를 모시고 새로운 가족사진을 찍어 두고 싶다. 훗날 내 아이들이 추억 여행을 할 수 있도록.

배워서 남 주자

초등학교 동창들과 청도 나들이를 갔다. 산속으로 갈수록 계곡은 깊고 공기가 맑았다. 차창 밖으로 손을 내밀면 초록 물이 묻어날 것만 같았다.

계곡물 소리는 일상에 찌든 마음을 씻어주었다. 푸른 잡목 사이 흐드러지게 피어 있는 산벚꽃은 아련하여 몽환적이었다.

목적지인 철가방 극장에 도착했다. 주차장에는 먼저 온 차 몇 대가 있었다. 커다란 회색빛 극장 건물은 산속의 풍경과 어울리지 않게 이질적이었다. 나란히 자리한 이층집 창문 너머로는 얼기설기 쌓아둔 책이 보였다. 그곳에 적혀 있는 큼직한 글씨가 시선을 붙잡았다.

"배워서 남 주자."

내가 알고 있던 것은 '배워서 남 주나?'다. 배워서 남 주는 게 아니니 자신의 인생을 위해 늘 배움에 정진해야 한다는 뜻으로 이해하고 있다. 하지만 건물에 적힌 글은 달랐다. 인간애가 느껴져 감동으로 다가왔다. 자신의 배움을 타인과 나누는 것, 나는 이것을 사랑의 마음이라 읽었다.

"코미디도 배달된다."는 콘셉트를 가지고 그곳에 극장을 만들었다는 전유성 씨는 고향인 청도를 알리는 데 적지 않은 힘을 보탠 것으로 안다. 처음 사회적 기업으로 시작해 농촌 동네 개발사업으로 선정되었고, 지자체의 도움도 많았으며 사회적으로 지원 관계를 만들기도 했다.

청도가 또 다른 이미지로 사람들에게 다가가게 된 것은 전유성이란 브랜드의 가치도 컸을 것이다. 철가방 극장이 생기면서 청도 반시나 와인, 소싸움과 청도 미나리를 찾는 사람들에게도 볼거리와 즐길 거리를 더해 준 셈이다.

우리 일행은 오후 4시 공연을 보기 위해 기다렸다. 관객 중에는 가족 단위와 연인들, 등산객과 우리처럼 지인과 함께 온 사람도 있었다. 벌써 몇 차례 다녀갔다는 어떤 이는 그곳에서 코미디를 배운 사람들이 중앙 무대로 내보내는 학교 같은 곳이라고 일러 주었다.

잠시 기다리는 동안 무대가 정리됐는지 배우들이 관객을 맞이했다. 소극장에 들어서니 방금 빠져나간 관람객의 열기로 훈훈했다. 핸드폰을 꺼 달라는 안내와 함께 공연이 시작되었다.

너덧 명의 배우가 어떻게 하면 관객을 웃기면서도 작은 감동을 줄까 애를 썼다. 그 모습을 보면서 꿈을 위해 노력하는 일이 얼마나 치열해야 하는지 느꼈다. 배우들은 주연과 조연을 번갈아 해가며 몇 편의 단막극을 선보였다. 죽음을 앞두고 요양병원에 입원한 노인 역할부터, 의사와 환자 역까지 실감나는 연기를 했다.

공연 끝 무렵에는 관객을 불러내어 극에 참여시켰다. 칠

십 대로 보이는 남자가 얼떨결에 배우의 손에 잡혀 나갔다. 그가 화를 낼 것 같은 분위기에 긴장감이 흘렀다. 하지만 배우들은 노신사의 마음을 무장해제시켰다. 젊은 배우는 아버지가 되고, 노신사는 아들이 되어 연기에 몰입했다. 코미디가 세대를 뛰어넘는 순간이었다. 즉석에서 이루어진 대사는 관객들에게 호기심을 일게 했고, 몰입의 강도를 높였다. 극이 끝나고 무대를 내려오는 아버지를 자랑스럽게 맞이하는 두 아들은 아버지의 또 다른 모습에 감동한 듯했다. 상황극이 성공적으로 끝나 여운은 길었다.

희극이란 사회 병폐나 인간 생활 등을 웃음거리를 섞어서 풍자적으로 다룬 극 형식이라 한다. 현실에 일어나는 일이나 개연성이 있는 일을 코미디로 표현하고, 깊게는 현 정치까지 풍자한다. 세상이 어려울수록 희극인의 역할이 더 필요하리라. 코미디는 세대 간의 거리를 좁힌다. 웃음에는 나이도 빈부 격차도 없으니 더할 나위가 없다.

언젠가 말로서만 웃기겠다며 코미디언을 개그맨이라 처음 불렀다는 그곳 주인은 웃음으로 세상의 공기가 되고 싶다고 했던가. 어디든 웃음을 배달하겠다는 그의 생각이 시내와 잘 맞았더라면 얼마나 좋았을까. 2011년 개관 후 4천 회가 넘는 공연을 했으나 급격한 코미디 인프라 붕괴와 재성난, 그리고 배우들의 감소로 철가방 극장을 계속할 수 없을 거란 얘기에 아쉽고 안타까웠다.

돈이 힘이 된 세상에서 자신의 소신을 지켜내는 일이 쉽지 않을지도 모른다. 배운 지식을 나누는 일은 개인의 선택이니 강요할 수 없는 일이다. 하지만 가끔은 그것을 실천하는 사람이 있어 희망적이다. 작게는 남을 먼저 생각하는 마음이 주변을 훈훈하게 할 수도 있고, 따뜻한 시선이나 말 한마디가 어떤 사람에게는 용기가 될 때도 있다. 누구든 할 수 있는 일이지만 쉽지 않아서 '배워서 남 주자.'란 말이 특별하게 와닿았는지도 모른다.

옛말에 기쁨은 나눌수록 배가 되고, 슬픔은 나눌수록 반이 된다는 말이 있다. 그 뜻을 잘 알고 실천하며 살아가는 사람이 그가 아닐까 하는 생각을 했다. 배운 것을 타인과 나누겠다는 삶의 자세가 세상을 변하게 하는 희망이 될 수 있을 것이기에.

우리가 다녀온 후 칭도 코미디 극장의 휴관 소식이 들려

왔다. 우여곡절 끝에 지리산 근처로 자리를 옮긴다는 소식과 함께였다. 꿈을 갖는 일이 얼마나 아름다운지, 노력해서 그 꿈을 이룬 사람은 안다.

지금쯤 지리산 어딘가에 '배워서 남 주자.'란 그의 철학이 다시 펼쳐지고 있을 거라 믿고 싶다.

밥

아들이 신혼여행을 다녀온 후 우리 부부를 초대했다. 저녁 시간에 맞춰 아들 집으로 갔다. 현관문을 열자 화사한 벽지가 먼저 눈에 들어왔다. 커다란 냉장고 옆 선반 건조대위에는 밥공기 두 개, 국그릇 두 개가 놓여 있어 아기자기함이 묻어났다.

상을 차리느라 분주한 며느리를 거드는 아들 얼굴에 웃

음꽃이 피었다. 상 위에는 꽃게된장찌개와 고기볶음, 잡채와 튀김이 소담스럽게 담겨 있었다. 새아기 손끝이 야무진 듯 음식도 정갈했다. 남편과 나는 아들 집에서 상을 받으며 자꾸만 입꼬리가 올라갔다.

아들 내외와 마주앉아 식사하는데 오래전 신혼 때가 떠올랐다. 결혼 후 한동안 직장을 다녔던 나는 아침이면 출근 시간에 쫓겼다. 남편과 상의 끝에 간단하게 아침 식사를 하기로 했다. 토스트와 우유를 먹으니 간편하고 시간적 여유가 생겨 좋았다.

어느 날 시어머님이 우리 집에 다니러 오셨다. 일요일 아침에 남편과 나는 토스트와 우유로, 어머님께는 아침밥을 차려드렸다. "밥이 보약인데 빵이 끼니가 되냐."며 어머님이 마뜩잖아 하셨다. 며칠 머물다 고향으로 가신 어머님은 통화 때마다 당부를 잊지 않았다. 아비 꼭 밥을 먹여서 보내라는 거였다.

농사일이 한가해지자 어머님이 자주 우리 집에 오셨다. 그날 손자를 업고 나갔던 어머니 손에 검은 비닐봉지가 들려 있었다.

"이걸로 반찬 만들어 아비 밥상 차려 줘라."

손에 든 것을 툭 던지며 돌아서는 모습에서 며느리에 대한 불만이 묻어났다. "저 큰 덩치에 빵이라니…." 하며 못마땅해하던 당신은 지난번 일이 기억났는지 고기를 사 왔다. 어머님은 '밥'만 끼니가 된다는 것을 며느리 의식에 심어주고 싶어 하셨다.

지나고 보니 모든 게 어제 일 같다. 어느새 아이들이 자라서 청년이 되었다. 결혼한 아들이 집에 들렀기에 어미 음식이 생각나지 않느냐고 넌지시 물었다. 아들은 제 아내가 음식을 잘해 줘서 괜찮다고 했다. 마음이 놓이면서도 한편으로는 서운했다. 어미 음식이 그립다는 말을 기대했던 것일까.

아들은 아내의 손맛에 길들어 가는 것 같다. 신혼이니 아내가 해주는 것이라면 무엇이든 맛이 있을 때다. 맛이 좀 없더라도 잘 먹고 맛있다고 하는 것이 서로를 향한 배려이고 보면 사랑의 힘은 크다고 할 수도 있겠지만.

밥을 주식으로 알고 살아왔던 남편도 신혼 때 토스트로 아침을 먹자고 했는데 흔쾌히 승낙했었다. 그때 남편도 가끔은 어머니가 해주던 밥이 생각났을지도 모를 일이다. 고향집에 갈 때마다 밥을 달게 먹던 것을 보면 채워지지 않은 그 무엇이 느껴지곤 했었다.

남자들은 자랄 때는 어머니가 만들어 주는 음식을 먹고 결혼해서는 아내가 해 주는 음식을 먹는다. 집을 떠나있는 동안은 외식하게 된다. 무엇으로 가족을 먹일까 걱정해야 하는 주부들의 처지에서 보면 늘 누군가 챙겨 주는 것을 먹는 남자들이 부러울 때도 있다. 하지만 처한 상황에 맞추어 음식을 먹을 수밖에 없는 남자들이 측은할 때도 있다.

얼마 전, 지인들과 점심 모임에서 식생활 다변화에 대한 얘기가 나왔다. 하루 두 끼 이상은 꼭 차렸던 우리 세대에 비하면 요즘 며느리들은 적어도 밥에 대해서만은 자유로워졌다는 말에 너나없이 "맞다."고 공감했다. 이제는 핵가족화로 인해 시부모님을 모시고 사는 가정이 드물다. 남자들은 회사에 가서 아침을 먹는 사람도 있으며, 맞벌이 부부가 많아 상황에 따라 토스트를 먹기도 한다. 생식이나 떡 등으로 아침을 대신하는 집도 많아졌다.

출근길 아들이 끼니를 거를까 봐 걱정이라고 했더니, 자식을 먼저 결혼시킨 지인이 뭘 먹었는지 물어보지 말라고 이른다. 궁금해하면 둘의 애정 전선에 이상이 생길까 봐 자신은 알고도 모르는 척한단다. 그 말에 시대의 흐름에 적응해 가는 시어머니들의 마음을 읽으며 세상 참 많이 변했구나 싶었다.

시어머님이 살아온 시대만 해도 밥은 생존과 직결되는 문제였다. 양식이 부족하던 시대였으니 그럴 만도 했다. 그러나 이제는 먹거리가 풍족해졌고 식생활도 다양해져 먼 이야기가 되었다. 사람들의 사고思考도 많이 바뀌어서 매끼를 무엇으로 먹든 그리 중요하지 않게 되었다.

오래전 어머님이 빵이 끼니가 되느냐고 했지만, 나는 빵을 준비할 때 우유와 과일을 곁들여 영양을 고려했다. 하지만 어머님 입장에서 보면 아들에게 빵 조각이나 먹이는 무심한 며느리로 보였을 것이다. 지금에서야 밥에 대한 소중함이 더 크게 느껴지는 것은, 나도 오래전 당신의 나이가 되었기 때문인지도 모른다.

어머님은 보릿고개가 돌아오던 봄에 첫아들을 해산했

다. 평소에 먹고 싶었던 미역국과 밥을 앞에 두고도 당신 혼자 먹는 것이 마음에 걸려 밥이 넘어가지 않더라고 했다. 그래서인지 봄만 되면 허기를 느낀다고 하신다. 어머님에게는 보릿고개가 우울한 기억으로 남아 있다.

아들 밥을 고봉으로 담아주는 어머님에게서 보릿고개를 넘어본 사람만이 느끼는 심리적 공허감을 본다. 밥 한 그릇 말끔히 비우는 아들 모습을 흐뭇하게 바라보는 아흔의 어머님. 훗날 내 모습일까 싶어 마음자리가 젖어온다.

담장 낮은 집

아직도 거기 있을까? 나지막한 흙담에 자잘한 돌멩이가 군데군데 박혀있던 집. 가을빛에 물든 담쟁이넝쿨이 화사하고, 흐드러지게 핀 국화가 짙은 향기로 걸음을 멈추게 하던 곳. 늘 대문이 열려 있어 이웃이 자유롭게 들고 나던 그 집이 생각난다.

외가와 담을 사이를 두고 나무짓가락을 만드는 공장이

있었다. 집주인은 스물여덟 살 청년이었다. 그는 7남매의 맏이라는 무게 때문에 일찍 돈벌이를 시작했다. 외숙모의 친정어머니인 사돈어른은 딸 집에서 살았다. 무료했던 사돈어른은 옆집에서 가져온 나무젓가락에 종이 집 끼우는 일을 했다. 외출을 하지 않는 날은 나도 가끔 그 일을 거들었다.

"사돈처녀! 앞집 총각이 점잖고, 재력도 있는 사람인데 선 한번 보면 어떨까?"

묵묵히 손을 놀리고 있던 내게 옆집 청년 얘길 꺼냈다. 외숙모까지 직장 잡을 생각 말고 그 사람을 한 번 만나 보라고 부추겼다. 일찍 결혼하는 것도 나쁘지 않다고 외숙모가 말했지만 나는 그 말을 흘려들었다. 내 나이 겨우 스무 살이었다.

어른들의 시선으로 보면 그는 꽤 괜찮았을 것 같았다. 나이 차는 좀 나지만 먹고사는 데 여유가 있고 유순한 느낌에 성품도 좋아 보였다. 나는 어른들의 의중을 알았지만 무관심했다. 학업을 이어가고 싶다는 마음이 컸다.

쉬어 가라는 외숙모 말에 한 달 가까이 지내는 동안, 어머니가 자주 연락을 해왔다. 외가에 전화를 들여놓기 전이었다. 이웃집에서 "아가씨, 전화 받으세요." 하는 그의 목소리가 낮은 담장을 넘어오곤 했다. 내가 그리로 가면 청년이 얼굴을 붉히며 자리를 비켜주곤 했다. 차츰 전화 받으러 가는 게 서먹하고 불편해졌다. 그즈음, 이력서 넣어둔 곳에서 연락이 왔다. 나는 다음 날 외숙모 댁을 떠나 집으로 왔다.

2년 후 외갓집에 들렀다. 그날은 외삼촌 형제들과 친척들이 모여 신정을 보내는 날이었다. 외숙모와 사돈어른은 오랜만에 들른 어머니와 나를 반갑게 맞아 주었다. 이른 저녁을 먹은 후 다과상을 앞에 두자 옆집에 살던 청년 얘기가 자연스레 나왔다. 청년은 그동안 사업이 번창해 사업장을 옮기고, 결혼도 했다고 한다. 외숙모는 아쉬웠던 마음을 어머니에게 털어놓았다. 나중에 안 일이지만 나를 붙잡아 두고 그와 인연을 맺어주려 했던 게 외숙모와 어머니가 함께 계획한 일이었다.

그 시간이 멋쩍기도 하고 무료했던 나는 창밖으로 시선을 보냈다. 유리문 너머로 낮은 담장이 눈에 들어왔다. 이

년 전에는 담쟁이넝쿨이 곱게 물들고 있었는데, 추위에 시들어 잎은 떨어지고 거미줄처럼 붙은 줄기만 보였다. 전화가 올 때마다 나를 불러 놓고 슬며시 사라지던 그. 내가 고향으로 가기 위해 외갓집을 나섰을 때 대문 앞까지 따라 나와 자주 놀러 오라던 목소리도 어렴풋이 생각났다.

큰길에서 떨어져 있어 제법 한적했던 마을 골목을 돌아가면, 담장 낮은 집들이 옹기종기 모여 있던 그곳에 이제 외갓집은 없다. 동생들은 모두 출가했고, 사돈어른은 세상을 떠났다. 몇 년 전 외삼촌이 돌아가신 후 외숙모마저 몸이 불편해 요양원으로 간 지 오래다.

만약 그때 어른들의 뜻대로 했더라면 내 삶은 어떻게 바뀌었을까? 살아오면서 어떤 선택 앞에서 서성거리기도 하고, 씩씩하게 밀고 나간 일도 있었다. 내가 한 결정이 모두 정답은 아니었다고 해도 그 순간들은 진심이었다.

중국집에서 가져온 나무젓가락이 옛 기억을 불러온 날이다. 낮은 담장 저편에서 "아가씨!" 하고 불러 놓고 단풍처럼 붉어지던 그의 얼굴이 흐린 삽화처럼 떠올랐다가 사라진다.

뜬이

몇 해 전, 아들 내외가 여름휴가를 떠날 때였다. 생후 6개월에 접어든 강아지를 데리고 갈 수 없다며 우리 집에 맡겼다. 울타리와 장난감, 먹이까지 한 보따리의 짐과 함께. 마치 어린 자식을 두고 가듯 안타까워하니 "걱정 마!"라는 약속까지 하고 말았다.

여행지에서 수시로 연락이 왔다. 귀찮은 일을 맡긴 것

에 대한 미안함과, 뜬이가 낯선 환경에 잘 적응하는지 묻는 뜻도 담겨 있었다. 녀석은 우리와 함께 일주일을 보냈다. 나는 강아지 때문에 바깥출입이 불편해졌다. 짖는 것을 무기처럼 사용하기 때문에 행여나 다른 집에 민폐가 될 것 같아서 집을 비울 수가 없었다.

뜬이는 밥 주는 사람과 놀아주는 사람을 구분했다. 아침에 일어나면 침대에 올라와 나를 깨웠고, "밥 줄까."라는 말을 알아듣고서 종종거리며 따라다녔다. 먹이를 챙겨 주는 사람을 좋아하고 따른다는 것을 금방 알 수 있었다. 조용하던 집안에 웃음소리와 개 짖는 소리가 뒤섞였다. 녀석은 꼬리를 흔들거나 짖고, 때로는 애절한 눈빛으로 제 마음을 표현해 덤덤했던 내 감정을 덥혔다. 잘 놀다가도 유리문 너머 하늘을 보며 가만히 앉았을 때는, 저를 두고 떠난 식구를 생각하나 싶어 마음이 짠해지곤 했다.

뜬이가 입양되기 석 달 전의 일이다. 아들이 개 이야기를 꺼내며 넌지시 우리의 의향을 떠보았다. 남편은 한번 가족이 되면 평생을 돌봐줘야 하는데 아기가 태어나기라도 하면 어쩔 거냐고 했고, 나도 생명 있는 것을 입양하는 것은 책임이 따르는 일이라고 반대했었다. 하지만 소용없었다. 얼마 후 아들은 제 아내와 의논 끝에 반려견을 입양했다.

녀석의 이름을 뚠이라고 지었다. 강아지 모습을 보는 순간 너무 사랑스러웠다. 남편은 자신의 말을 어긴 아들에게 서운해할 만도 한데, 강아지를 조심스레 받아 안았다. 녀석은 오래 봐온 사람에게 하듯 스스럼없었다. 꼬리를 흔들며 친근감을 표시했다.

그렇게 안면을 튼 후 아들 부부가 외출을 하거나 바쁜 일이 있을 때마다 녀석은 우리 집으로 왔다. 자주 짖어 대서 간식으로 달래곤 했더니 눈치가 빨라 간식을 먹고 싶으면 소란을 떨었다. 어쩔 줄 몰라 하는 내 마음을 이용했다.

"어리다고 우습게 봤더니 힘들어서 몸살이 날 것 같네."

남편이 단잠에 빠져든 녀석을 보며 미소 지었다.

언젠가 친구가 한 말이 떠올랐다. 몇 년 전 손주를 먼저 본 친구는 예쁜 만큼 봐주기 벅찬 것이 손주라고 했다. 정말 그랬다. 뚠이를 보면서 팔자에 없는 손주를 얻은 것 같았다. 녀석은 수컷이어서인지 에너지가 넘쳤다. 그 모습이 마치 두세 살 된 아기를 보는 것 같다. 잠투정도 아이들과 비슷하고 코골이까지 해서 우리를 웃게 했다.

외출에서 돌아온 아들과 며느리가 녀석을 데리고 가자 우리는 전쟁을 치른 후처럼 기운이 소진됐다. 강아지 한 마리를 감당하지 못해서 몸살이라니 나중에 손주라도 봐 주려면 건강부터 챙겨야겠다.

"아기가 태어나면 뚠이를 좀 키워 주세요."

아들은 우리가 뚠이를 아낀다는 것을 알고 그 틈을 놓치지 않고 부탁까지 한다. 하지만 키우기에는 벅차고 가끔은 보고 싶을 것 같아 어찌해야 하나 고민이다.

개의 수명이 평균 18년 정도라고 한다. 앞으로 10년만 더 같이 산다 해도 뚠이와 우리 부부는 고령이 된다. 끝까지 좋은 보호자가 될 수 있을지 걱정스럽다.

반려견伴侶犬이라 칭하는 건 사람과 함께 살아간다는 뜻의 '반려'라 생각한다. 생명이 있는 것에 정을 주면 떼기도 힘들고 아프기라도 하면 사람과 다르지 않게 마음도 쓰일 것이다.

아들 내외가 여행에서 돌아오던 날 제 식구를 반기는 모양이 우리에게 하는 것과 다르다. 두 발로 서서 짖기도 하고 얼굴을 핥으며 어쩔 줄 몰라 한다. 일주일 넘게 떼어 놓았으니 그 반가움을 짖는 것으로만 표현하기 부족했으리라. 제 주인이 오자 우리 부부에게 거리를 둔다. 서운한 감정이 스친다. 하지만 당연하다는 생각도 든다.

뜬이가 나와 눈맞춤을 피한다. 붙잡기라도 할까 봐 두려워하는 것 같다. 엘리베이터 문이 열리고 닫히는 순간 그제야 나와 눈인사를 한다.

세련

제2부

가을을 담다

가을을 담다

몇 해 전 가을이었다. 태양이 설핏 기울 무렵 어머님을 모시고 산책을 나갔다. 나는 은행잎을 밟고 무심히 발걸음을 옮기는 어머님의 옷깃을 살짝 당겼다. 성큼성큼 앞서가던 남편도 불러 세웠다. 가을을 담아 드릴 참이었다.

"다 늙어 사진은 무슨."

손사래를 치며 멋쩍어하던 어머님이 실버카에 의지한

채 반듯하게 허리를 폈다. 남편은 어머님 머리 위에 얹힌 은행잎을 떼 주며 곁에 섰다. 나란히 선 모자母子와 오래된 은행나무가 잘 어울렸다. 평소에 가족사진을 찍고 싶어 하셨던 어머님 소원에 미치지는 못하지만 괜찮은 사진 한 장을 건진 날이었다.

은행나무는 어머님과 남다른 추억이 있다. 열일곱의 처녀와 스무 살의 총각은 같은 마을에 살다가 혼인했다. 부부가 된 첫봄, 신랑은 동네 청년들과 마을 주변에 나무를 심었다. 미루나무와 플라타너스를 심고, 개나리도 심었다. 그날 식목을 하고 귀가하면서 은행나무는 집으로 가는 길목에 심었다. 옷에 묻은 먼지를 툭툭 털며 대문을 들어선 신랑은 은행나무 식목 얘기를 해줬다. 그렇게 두 분의 수호목이 생겼다.

나무를 심은 자리는 땅심이 좋고 볕이 잘 드는 곳이었다. 해가 갈수록 아름드리로 자라 옆으로 뻗은 가지에도 이파리가 무성했다. 가을날 노랗게 단풍이 들면 사람들의 시선을 잡을 만큼 아름다웠다. 우리 가족이 그랬듯 근처에 차를 세워두고 사진을 찍는 사람들이 많았다.

마을 사람들의 배웅 아래 은행나무는 몇 십 년 만에 이사를 갔다. 의젓하게 마을의 문지기 역할을 해내며 추억을 만들어 주다가 떠났다. 도로 확장 공사를 앞두고 있었기 때문이었다. 마을 사람들은 나무가 베어지지 않고 새 삶을 시작할 수 있도록 옮겨진다니 천만다행이라 여겼다.

나무의 빈자리를 두고 허전해할 모친의 마음을 짐작한 남편이 퇴근길에 그날 찍은 사진을 인화해 왔다. 크게 확대해서 얼굴의 윤곽이 흐려 보였지만 두 사람의 표정은 정겹고 훈훈했다. 노랗게 물든 은행나무 아래 서 있는 모자는 늦가을 풍경과 하나 되어 보였다. 우람하게 선 나무가 아내와 아들을 내려다보며 환히 웃는 아버님 모습 같았다. 은행나무가 마을을 떠나기 전 마지막 사진이기에 더더욱 의미가 있을 듯했다.

다음날 액자에 든 사진을 책상 위에 올려 두고, 다른 하나는 봉투에 담아 시댁으로 가져갔다. 사진을 받아 든 어머님이 무척 좋아하셨다고 했다. 그는 어머님이 챙겨준 채소가 담긴 종이 박스를 내려놓으며 기분 좋게 웃어 보였다.

가끔, 가을을 담은 사진을 볼 때면 이때 남편이, 무슨 생각을 했을까 궁금해진다. 여장부 같았던 어머님이 왜소한 노인이 된 모습을 보며 안쓰러웠을 것 같다. 아버님을 저세상으로 보낸 후 홀로 사는 노모의 시간에 대한 연민도 있었으리라. 남편은 어머님의 어깨를 어루만지며 늘 그렇듯 사시는 동안 건강하시라, 간절히 빌었을 것이다.

함께해 오던 것이 사라지는 것은 누군가에겐 상처가 되거나 잊지 못할 추억으로 남기도 한다. 마음속 풍경이 된 사진 한 장은 그나마 어머님께는 위안이 되었으리라.

은행나무가 떠난 지 6년이 되어간다. 오래오래 그 자리를 지킬 것 같았던 나무가 떠났듯 때가 되면 우리도 삶을 떠나야 한다. 이제 나의 가을도 은행잎처럼 쌓여가고 있다. 주어진 시간을 잘 살아내야겠다는 다짐을 다시 해보는 날이다.

짐을 나르는 사람들

아침부터 비가 내린다. 주변이 온통 안갯속인데 차량은 영화 〈아바타〉 촬영지로 내달린다.

가이드가 장가계의 핵심은 천자산과 원가계 일원이라는 안내를 한다. 하지만 나는 날씨 때문에 절경을 제대로 볼 수 있을까 걱정되어 연신 차창 밖을 본다. 안개가 흩어질 때마다 웅장한 바위산들이 산수화 같다. 마치 신선이라도 나올 듯 하다.

천자산에 도착하니 어느새 비가 멎었다. 산 입구에는 손님을 기다리는 가마꾼들이 있었다. 두 사람이 한 조가 되어 관광객을 태우고 계단을 올랐다. 차 안에서 그들 이야기를 들어서 자꾸 눈길이 갔다. 왜소한 몸피와 눈빛이 닮은 것으로 보아 부자지간 같았다. 산을 찾은 사람들 중에 가마 탈 손님을 찾고 있었다. 고단해 보였으나 눈빛만은 형형했다.

그런 눈빛을 어디에서 또 봤을까. 어렸을 적 할머니를 따라나선 서울역사 앞에서였다. 기차가 도착하길 기다렸다가 손님을 찾아 나선 지게꾼들의 눈빛이 그랬다. 어느 시대든 비슷한 처지인 사람들은 늘 있다. 수십 년이 흘렀지만, 아직도 내 기억 속에 남아 어떤 상황을 마주하면 가슴이 먹먹해지곤 한다.

평소 산행을 거의 하지 않았던 터라 천자산이 태산처럼 느껴졌다. 일행을 따라 걷는데 큰 돌을 다리에 묶은 듯 걸음이 자꾸 뒤처졌다. 맨몸으로도 이렇게 숨이 찬데 산길을 사람까지 태우고 오르내리는 그들이 대단해 보였다. 두 어깨 얹힌 가마는 가족들의 일용할 양식과 자식들의 교육을 책임져야 할 가장의 무게였다. 힘든 일을 마치고 집으로 돌아갔을 때 가족과 둘러앉아 따뜻한 밥을 먹고 편히 잠들 수 있는 것이 그들의 행복이 아닐까. 그래서 어떤 고통도 굳건히 이겨낼 수 있는 거라고 여겨졌다.

점점 심해지는 다리 통증에 가마를 탈 걸…. 후회를 할 즈음이었다. 일흔 후반쯤 되어 보이는 덩치 큰 노부인과 삼십 대 여인이 탄 가마가 지나갔다. 딸인 듯한 그녀는 사람들이 쳐다볼 때마다 "허리가 아파 걷지 못해서요." 하며 부끄러워했다. 당당한 표정으로 주변 풍경을 감상하는 노부인의 모습과 대비되었다.

"젊은 여자도 탔네!"

한국인이 태반인 여행객들 사이에서 수군거리는 소리가 들려왔다. 하지만 다리가 몹시 아팠던 나는 그녀가 가마를 탈 만한 이유가 있었을 것으로 생각했다. 이왕 여행길에 나섰으니 가마를 타보는 것도 괜찮다고 생각하면서 한편으론 사람들의 시선을 받아낼 자신이 없었던 나, 용기 있는 선택을 한 그녀가 마냥 부러웠다.

가마꾼들은 일어서며 "짐이오!" 하며 길을 트곤 했다. 그들의 내면엔 가마를 탄 사람이 짐에 지나지 않는다는 뜻인지, 아니면 한국어 실력이 부족해 그런 표현을 썼는지 그 속내가 궁금했다.

옆을 지나치며 걷던 사람들이 "우리는 짐이 아닌 사람이라 다행이다." 하고 왁자하게 웃음을 터트렸다. '그래 사람은 사람이지.' 혼잣말을 하며 나도 걸음을 재촉했다. 부지런히 산길을 가는 우리보다 가마꾼들의 걸음이 더 빨랐다. 계단을 오르며 잠깐씩 서서 쉬기도 했다. 산중턱쯤에서 가마를 내려놓고 흐르는 땀을 훔쳤다. 거친 숨을 몰아쉬고 있었지만 얼굴에는 충만감이 서려 있었다. '가족을 생각하면 힘이 난다.'는 그들이었다.

어느 날 TV를 보다 설악산에도 지게꾼이 있다는 걸 알았다. 임 씨는 가난 때문에 공부를 하지 못했고, 선택의 여지가 없어 그 길을 택했다. 16세에 시작해 올해로 50년이 되었는데 같은 일을 하던 이들은 딴 길을 가고 혼자 남았다. 이제는 나이가 들어 냉장고나 세탁기 같은 가전제품은 나를 수가 없다는 그였다. 어렵게 돈을 벌어 독거노인들 효도 관광을 보내 드렸고, 요양 시설과 장애인학교에 기부를 해 왔다고 했다.

직업의식이 투철한 그에게서 자부심을 읽었다. 임 씨는 지게꾼으로서 자신의 이름을 알렸고, 소박한 꿈을 이루었다고 한다. 자신에게 주어진 악조건을 이겨내 스스로 자존감을 높인 사람이었다. 하지만 근래에 사람들의 지나친 관심이 그를 어려움에 빠트렸다. 예전에 받았던 싼 운반비를 현재도 그렇게 받는 것처럼 전해져 청와대 국민청원까지 올라갔고, 노동착취란 오해를 받아서 그 일을 못 하게 되었다. 자신과 한몸 같다던 설악산에서 일흔까지 일하고 싶다고 했는데 새로 일을 찾아야 한다는 소식이 안타까웠다. 그가 설악산으로 다시 들어가 활동한다는 소식을 기다려 본다.

물의 깊이를 알려면 그 물에 몸을 담가 보아야 한다. 가난이 주는 불편함이 어떤지는 체험해 보지 않으면 제대로 알 수 없다. 힘든 일을 천직으로 여기며 살아온 천자산 가마꾼들과 설악산의 임 씨를 나는 '마음 부자'라 표현해 본다.

여행에서 돌아온 후, 가끔 천자산 사람들이 떠오를 때가 있다. 가마를 탈 것인가 말 것인가를 처음부터 그들의 입장에서 생각했다면 나는 가벼운 마음으로 가마에 올랐을 것 같다. 가마를 타는 순간 가마꾼에겐 경제적 도움이 되고 나는 산을 오르는 고통을 덜 수 있었을 터이니. 바로 이런 것이 상생이다. 언젠가 다시 천자산을 찾아간다면 그때는 기꺼이 그들의 짐이 되리라.

천자산에서

나무들이 연둣빛으로 물들어 갈 무렵 장가계에 갔다. 오랜만에 떠난 여행이라 설레었다. 출발할 때는 맑던 하늘이 흐려지는 것을 보며 비행기에 올랐는데 가는 도중에 비가 내렸다. 중국 공항에 도착하니 그곳에도 비가 왔던지 나무들이 더 푸르게 보였다. 함께 간 벗들과 호텔에 여장을 풀고, 뮤지컬을 보러 갔다. 산 하나가 무대인 장소에서 장예

모 감독이 만든 뮤지컬을 보았다. 늦은 시간에 호텔로 돌아와 들뜬 마음으로 첫 밤을 보냈다.

다음 날도 비가 내렸다. 우의를 준비해서 버스에 올랐다. 우기를 피하려고 잡은 일정인데 낭패였다. 3박 4일 짧은 여정에 계속 비가 내린다면 장가계를 제대로 못 볼지도 모른다는 불안감이 들었다. 가이드는 운 좋으면 비가 걷힐 것이고, 절경을 볼 수 있을 거라며 안심시켰다.

우리가 탄 케이블카가 천문산 정상에 닿았다. 거기에서 미니버스로 갈아타고 상천문으로 향했다. 산허리를 잘라 만든 길은 2차선 도로였다. 달리는 버스에서 내다본 풍경은 신비로웠고 구름이 감도는 나무와 바위의 모습은 절경이었다. 버스는 한참을 더 달려 상천문 앞 광장에 섰다. 999계단 입구에서 향을 피우며 기도하는 현지인들의 표정이 엄숙했다. 계단 위쪽을 보았더니 상천문은 안개에 가려 정말 하늘로 가는 길처럼 느껴졌다.

일행은 계단을 올라가다 추위를 느껴 하나둘 돌아섰다. 부슬부슬 내리는 비와 젖은 계단이 부담스러웠다. 여기까지 왔으니 가 봐야 한다는 이와 올라갔다가 내려올 일이 까마득해 못 가겠다는 사람들로 의견이 분분했다. 서늘한 날씨에 몸을 움츠린 사람들은 올라가기를 주저했다. 그러던 중 모험심이 발동한 지인이 대표로 다녀오겠다며 나섰다. 나와 일행은 아쉬운 마음을 뒤로하고 광장 한편의 식당가를 찾았다.

그곳 휴게소에서 금방 쪄낸 옥수수와 어묵을 사서 둘러앉았다. 가게 앞 야외 탁자에 자리를 잡고 뜨거운 어묵 국물로 추위를 달랬다. 지대가 높아서인지 4월 중순인데도 한기가 들었다. 푹 익힌 어묵 맛은 별미였고, 국물은 온기를 더해 주었다.

사람들이 이야기꽃을 피우는 사이 나는 지인 몇몇과 주변 상점에 들렀다. 진열장에는 한국의 초코파이와 소주, 과자들이 보였다. 상점 안을 둘러보고 돌아 나오는데 계산대 앞에 과자 봉지를 든 중년 관광객이 점원과 실랑이 중이었다. 남자는 우리가 들어가자 한국인인 걸 알아보고 도움을 청했다. 잔돈을 받아야 하는데 소통이 되지 않는다고 했다.

20대 중반쯤 되어 보이는 여점원이 이천 원 대신 검은 비닐봉지 3장을 주며 거스름돈을 대신하라고 했단다. 남자의 말을 듣고 평소에도 시원시원해서 성격 좋다는 말을 듣던 일행이 나서서 거스름돈을 달라고 했다. 점원이 이번에는 사탕 3개를 집어서 남자에게 내밀었다.

우리가 손짓 발짓으로 거스름돈을 내달라 하는데도 그녀는 엉뚱하게 굴었다. 나중에는 알아들을 수 없는 말로 소리를 치며 나가라고 밀어냈다. 점원의 태도에 기가 질린 남자는 허탈한 표정으로 그곳을 나갔다. 당사자가 떠나자 우리도 상점을 빠져나왔다.

막무가내인 점원을 보며 남대문 시장에서 김밥 한 줄에 만 원 주고 사 먹었다며 인터뷰를 하던 외국인 여행자가 떠올랐다. 만 원짜리 김밥이란 말에 의문이 들었고, 부당함을 주장하던 외국인의 모습이 마음에 남아 있었다. 그 일이 있었던 며칠 후 TV방송 맛집을 찾는 코너에서 영양식으로 만든 김밥이 제법 비싸다는 것을 알게 되었지만 김

밥 한 줄에 만 원이라니, 과하다는 생각을 지울 수 없었다.

지금의 이 상황처럼 남대문 식당 거리에서 그 외국인도 소통의 부재를 실감했던 건 아니었을까. 이국땅에서 몸소 체험한 일에 대해 어떤 생각을 했을지 모를 일이다. 평범한 사람 중에 그 나라를 알리는 일에 개인들의 몫이 크다는 사실을 알고 있는 사람은 얼마나 될까.

애국자가 따로 있는 것은 아니다. 이름난 사람들은 나라 안팎에서 국위 선양을 하지만, 소시민이 할 수 있는 일도 있다. 진심으로 손님을 대하고, 자기 일에 최선을 다한다면 그것 또한 애국이 아닐까. 한두 사람의 욕심과 이기심이 나라의 국민성으로 판단된다면 억울한 일이 된다. 진심이 담긴 예절은 좋은 인상을 심어줄 테고 그들이 다시 찾고 싶은 곳이 되리라.

구불구불한 낭떠러지 길을 안전띠도 없는 미니버스를 타고 내려왔다. 절경을 볼 때는 거기에 취해 몰랐으나, 아래로 보는 순간 난 아찔했다. 그 두려움만큼이나 소통되지 않는 사람 사이가 무섭다는 생각도 한 날이었다.

산 아래에 다다랐다. 상천문을 눈앞에 두고도 올라가지 못한 일이 오래 아쉬움으로 남을 것 같다.

잃어버린 지갑

늦여름 오후의 거리는 한적하다. 버스가 오지 않아 한참 기다린 후 차에 탔다. 자리에 앉아 창밖을 보니 저만큼에서 군인 둘이 걸어온다. 군복을 입은 모습이 풋풋하다.

아들이 대학 한 학기를 마치고 친구와 동반 입대했다. 아침잠이 많은 녀석이라 걱정이 되었다. 아침부터 저녁 잠자리에 들기까지 나도 모르게 아들의 일상에 맞추어 지내길 5주쯤 되었을까. 훈련소에서 자대로 배치되었다는 국방부의 알림 문자가 왔다. 일주일쯤 지나자 군 생활에 잘 적응하고 있다는 아들의 편지가 왔다. 한결 마음이 놓였다.

백일 휴가를 온 아들은 제법 늠름한 모습이었나. 하루를 꼬박 자고 나더니 바깥으로 나돌았다. 휴가 후반에 들어서자 입대 전 가뵙지 못한 일가친지 분들께 인사를 다녀왔다. 군에 가서 고생한다며 건네준 용돈으로 녀석의 주머니가 두둑해졌다. 신이 나서 친구들에게 밥 사고, 술도 사며 오랜만에 인심을 썼다.

보름이란 시간이 빠르게 흘렀다. 친구와 놀다가 새벽에 돌아온 아들 잠자리를 봐주려고 들어갔더니 옷을 벗어 뒤지고 있었다. 무슨 일인가 싶어 쳐다보는 나와 시선이 마주쳤다.

"지갑을 잃어버렸어요."

아들이 기어들어 가는 목소리로 입을 뗐다. 마치 세상이 다 끝나버린 듯한 표정이었다. 외출 전에 비상금만 가져가라고 그렇게 일렀는네 자기가 알아서 한다며 지갑째 들고 나갔다. 친구들과 헤어지면서 차비를 서로 내겠다고 했는데 그 다음이 기억이 나지 않는다고 했다.

아들은 밤새 잠을 설친 것 같았다. 입대 전 생일 선물로 사준 지갑에 든 돈 이십여만 원과 각종 자격증과 주민증까지 모두 잃어버렸다. 녀석은 안절부절못했다. 그러나 어쩌랴. 상황은 이미 끝났고 후회한들 소용없었다.

날이 새자 인터넷을 검색한 아들은 택시 회사 전화번호를 입수했다. 그곳엔 제법 많은 전화번호가 적혀 있었다. 내가 사는 지역에 택시 영업소가 그렇게 많았나 싶을 정도였다. 명단에 줄을 그어 가며 전화하는 모습이 딱했다. 상황을 설명하는 목소리는 진지했다. 상대방이 희망적인 얘기를 들려줄 거라고 믿는 듯했다. 보다 못한 내가 몇 군데를 나눠서 통화해 보았으나 보관 중인 지갑은 없었다.

오전을 시간을 그렇게 보낸 아들은 시청 분실물 게시판에 자신이 사연을 올렸다. 잃어버린 지갑의 모양과 그 안에 든 내용물에 대한 거였다. 흘려듣는 듯했다가 몰래 시청 게시판에 들어가 보았더니 분실한 지갑을 찾겠다는 아들의 간절한 마음이 올라와 있었다.

아이들이 어렸을 적에 내 것이 아닌 것에 욕심을 내거나 관심을 주지 말라고 교육했다. 그래서 스무 살이 다 되어서도 잃어버린 물건을 누군가 제자리에 가져다 놓을 것이라 믿는 것일까. 상실감에 혼이 반쯤 나간 아들은 휴가가 끝나고 귀대하기 위해 집을 나섰다. 비상금을 주며 등을 미는 내게 "혹여라도 누가 찾아주거든 잘 챙겨 달라." 간곡히 부탁했다. 아들의 뒷모습은 보는데 어찌나 마음이 안쓰럽던지, 돌려세워 안아 주고 싶은 걸 애써 참았다.

살다 보면 어느 순간 절망스럽던 일이 훗날 교훈이 되기도 하고, 상처로 남아 어려움을 겪게 하기도 한다. 어려서는 학교에서나 집에서 예의와 도덕을 배운다. 하지만 세상에 나가면 사회의 부정이나 모순과 마주하게 된다. 교과서에서 배운 것과 다른 현실에 혼란을 겪고 나서야 타협하는 법도 알게 된다.

아들은 어느덧 사회인이 되었다. 이제는 자신만이 터득한 삶의 지혜가 생겼을 것이다. 잃어버린 지갑을 통해 얻은 교훈도 잘 기억할 것이다. 앞으로는 어미보다 한결 융통성 있는 사람으로 살아가리라 믿는다.

어느새 태양이 서녘으로 기울고 있다. 차창 밖으로 보이는 건물들이 낯익다. 느티나무 가로수 길이 오늘따라 그늘이 더 깊다. 길고 뜨거웠던 여름도 조금씩 물러가고 있다.

봄, 봄

경주의 봄을 보러 나선 길이다. 벚꽃이 만개한 경주는 도시까지 환해진 느낌이다. 월성에 다다르니 방문객이 제법 많다. 입구 쪽에 나를 내려 주고 주차장에 차를 세우고 걸어오는 아들이 저만치에 보인다.

그 모습이 젊었을 때의 남편 같다. 힘 있는 걸음걸이와 웃을 때 큰 눈을 반쯤 감는 모습이 영락없다

경주와 나의 첫 인연은 신혼여행 때였다. 당시에 둘 다 직장생활을 해서 가까운 경주로 여행지를 잡았다. 해 질 무렵 경주에 도착해 하루 묵은 우리는 다음 날 문화재를 감상했다. 불국사와 석굴암을 보고 월성으로 가서 첨성대와 계림鷄林을 둘러보며 시간을 보냈다.

그때만 해도 신혼부부 모습이 흔한 곳이 경주였다. 그런데 생활이 여유로워진 사람들이 해외로 나가면서부터 신혼여행을 오는 사람들이 많이 줄었다. 요즘은 일반 여행객이 대부분이다. 집집마다 차량을 소유하고 있어 이동이 쉽기 때문이다.

생각하면 엊그제 같은 시간이 흘러 아들의 나이가 서른을 넘었다. 삼 년의 직장 생활을 접고 돌아온 아들은 자영업을 하게 되었다. 어릴 때부터 축구를 좋아해서 체육 교사가 되는 것이 꿈이었던 아들은 체육학과를 나왔다. 하지만 체육 전공자들의 진로가 좁아지면서 결국 다른 길로 들어섰다.

아들이 평범하게 사는 게 행복할 것 같다며 인생을 반쯤 산 사람처럼 얘기할 때 마음이 짠했다. 남편은 하고 싶은 일을 하며 사는 것도 행복이라며 용기를 주었다. 아버지의 말이 힘이 되었을까. 아들의 목소리가 한결 밝아졌다.

취업을 뒤로하고, 자영업을 하게 된 것은 현실의 어려움도 한몫했다. 아들이 사회체육을 선택하기 전과 졸업 무렵의 상황이 바뀌었다. 대학원을 나와서 임용까지 봐야 하는 시간이 필요했다. 고민 끝에 내린 결정이었다.

청년들의 취업 문제가 어려워진 현실이다. 부모인 우리 세대가 만들어 놓은 결과는 아닐까 생각하게 된다. 아들이 살아야 하는 세상이 팍팍해서 바라보는 마음이 편치 않다. 노력하면 이루어진다는 신념 아래 공부든 일이든 앞만 보고 달려왔던 우리 세대에는 취업이 그리 어렵지 않았다. 하지만 요즘은 학업을 마쳐도 취업에 어려움이 많다. 경쟁 속에 내몰리는 지금의 세대가 가엾다.

좋아하는 일을 직업으로 할 수만 있다면 얼마나 좋을까. 현실은 생각보다 어려울 수 있으나 아직 젊기에 선택의 기회가 있다고 생각하며 기다려 보기로 한다. T.E.로렌스는 '확실한 성공에는 명예를 얻지 못하는 수가 있지만, 확실한 패배에서는 얻어지는 것이 많다.'고 했다. 실패와 좌절도

젊을 때 경험해야 다시 일어설 시간적 여유가 있다는 말일 것이다.

이런저런 대화를 하며 걷다 보니 계림이다. 연둣빛에 이끌려 간 숲에는 가지마다 잎을 틔우는 나무들로 싱그럽다. 입구에 선 속을 비운 느티나무에서 오랜 세월의 흔적을 본다. 빈 나무 속에 시멘트를 넣어 봉합한 것을 보며 수액이 돌아 순환해야 할 나무가 숨이 막힐 것만 같아 답답하다. 문득 요즘 아이들의 처지가 나무를 닮은 듯하다. 하지만 곁가지에서 새잎이 나고 있어 다시 희망이란 단어를 떠올린다.

어느새 나의 보호자 역할을 해내는 아들. 그 등에 진 짐이 무거울까 걱정이 되면서도 잘 자라줘서 흐뭇하다. 파릇한 잎을 틔우는 느티나무 앞에 나를 세워두고 사진을 찍어준다. 마침 지나는 또래의 청년이 다가오자 엄마와 나란히 담길 사진을 부탁한다. 아들이 아빠의 근엄한 표정을 흉내 내면서 내 어깨에 손을 올린다. “찰칵” 소리가 정겹다.

어미에게 하루를 내어 준 아들이 고맙다. 새로운 일을 앞두고 있어 심란할 텐데도 애써 밝은 척하는 모습이 대견

하다. 나란히 걷던 걸음을 멈춘다. 낮은 산등성이에 만개한 벚꽃이 눈부시다. 저 화사한 꽃처럼 아들의 미래도 밝기를 기원한다.

봄을 보내며

오후 산책을 나섭니다. 집안에만 있던 엄마들이 아이를 데리고 나왔습니다. 태화들 잔디 위에 텐트가 설치되자 병아리 같은 아이들이 주위를 뛰어놉니다. 아이 웃음소리에 발걸음을 멈추는 이가 있습니다. 저분들도 오랜만에 보는 광경인 모양입니다.

평범한 일상이 행복이란 사실을 절실히 느끼는 요즘입

니다. 사람을 만나는 일이 어려워졌습니다. 한동안은 조용히 지내게 돼서 오히려 좋았습니다. 하지만 시간이 지나갈수록 갇혀 지내는 시간이 답답해 몸살이 날 것 같습니다.

코로나 환자가 서른 명이 되고, 어느새 만 명이 넘었습니다. 사람들의 공포는 끝이 없습니다. 마스크를 사기 위해 바깥으로 나갑니다. 구매가 쉽지 않습니다. 약국에는 마스크를 사려는 사람들이 긴 줄을 만들고 있습니다. 주로 노인들입니다. 길게는 두 시간씩 인내심을 가지고 기다려야 마스크 두 장을 살 수 있는 현실이 암담합니다. 세상에, 이런 날이 오리란 걸 감히 누가 상상이나 해봤을까요.

시골에 홀로 계신 시어머님께 찬거리를 사 가려고 전화했더니 오지 말라고 하십니다. 타지에서 누군가 다녀가면 이웃분들이 불안해하신다면서요. 노인정도 문을 닫아 집에만 계시는 어머님은 심심하지 않다며 걱정 말라고 하십니다.

"너희들만 잘 지내면 나는 괜찮다."

목소리가 실언하기까지 합니다. 당신이 젊은 날에도 역

병으로 지금처럼 비슷한 일을 겪었다며 오히려 자식들에게 조심하라고 이르십니다. 시골이 아직은 청정 지역이라 다행입니다. 하지만 홀로 계시는 어머님을 방관하는 것 같아 마음이 편치 않습니다.

전염병의 공포를 절실히 느끼는 요즘입니다. 일상의 평화는 깨어지고, 사람들 사이에는 보이지 않는 벽이 가로막혔습니다. 점포들이 문을 닫고, 음식업체는 배달로 전환하고 있습니다. 최근에 개업한 가게 주인은 장사가 뭔지 알기도 전에 날벼락을 맞았습니다. 거리는 인적이 끊기고, 스쳐 지나는 짧은 순간에도 행인들은 애써 외면합니다. 처음엔 누군가로부터 바이러스가 옮을까 봐 움츠렸는데, 이제는 균을 옮기는 사람이 되지 않을까 또 조심합니다.

아침에 일어나면 뉴스부터 봅니다. 파란 하늘이 드러난 인공위성 사진이 눈에 들어옵니다. 대기가 맑아진 중국의 하늘입니다. 잃은 것이 있다면 얻는 것도 있나 봅니다. 그렇게 맑은 중국의 하늘을 처음 본 것 같습니다. 위기 속에서도 좋은 일이 있다는 건 다행입니다. 기업들이 다시 공장을 돌리고, 차들이 거리로 나서면 대기는 다시 오염될 것입니다. 어쩌면 신은 인류에게 생각할 시간을 주고 있는지도 모르겠습니다. 지금의 이 상황이 지난 후에도 우리는 환경에 대해 고민을 많이 해 봐야겠습니다.

질병은 모든 생명체에게 두려움을 줍니다. 사람이 죽으면 지수화풍地水火風으로 돌아가는 것이 자연의 이치입니다. 누구나 알고 있는 사실입니다. 하지만 지금처럼 갑작스러운 이별이 아닌, 가족과 이별할 시간이 주어졌으면 좋겠습니다. 평소에 "이제 세상 떠날 때가 되었다."라고 하시던 어머님입니다. 행여 당신이 코로나에 걸려 숨을 놔 버리면 자식들에게 상처가 될까 봐 걱정하십니다. 서로 접촉을 막아 마지막 인사도 나눌 수 없으니까요.

모든 것을 바꿔 놓은 불안한 현실 속에서도 상생의 방법을 찾기 위한 긍정적인 소식도 들려옵니다. 의료진들에게 먹거리를 전해주기도 하고, 평생 어렵게 모은 돈을 선뜻 내어놓으며 도움을 주려는 사람도 있습니다. 회사에서 받은 몇 장의 마스크를 자신보다 더 어려운 이웃을 위해 파출소 앞에 두고 가는 이도 있습니다. 목숨 걸고 봉사에 나서는 의료진들을 생각하면, 감동이 밀려옵니다. 인간애가 느껴지는 이런 일들은 난국을 견뎌 나가는 이들에게 힘을 줍니다.

아침에 남편이 출근을 했습니다. 마스크를 쓰고 나가는 그를 보면 전장에 나가는 용사 같습니다. 어떤 상황이 와도 바깥으로 나가야 하는 그의 처지가 눈물겹습니다. 처음엔 손 씻고 마스크 꼭 쓰라는 아내의 말을 흘려듣더니 요즘은 심각성을 느꼈는지 알아서 잘합니다. 자신 때문만이 아닌 가족과 주변을 위해서라는 생각을 하는 거지요. 이런 상황이 얼마나 더 갈까요. 살얼음 딛듯 사람을 만나야 하는 남편과 두 아들의 상황이 마음 쓰입니다. 우리 가족들만 그런 것은 아닐 겁니다. 가족을 둔 이들의 입장은 대부분 비슷할 것입니다.

불안이 주변을 맴돌고 있는 요즘이지만 언젠가는 이 상황이 지나갈 것입니다. 나도 그렇지만, 모두 어떻게 살아야 할까 생각이 많아질 것 같습니다. 좀 더 지혜롭게 사는 방법을 고민해야 하겠습니다.

태화들에도 봄이 깊어가고 있습니다. 침묵하던 봄도 더

는 참을 수 없었던지 지천에 꽃을 피웁니다. 공원 주변 화단에는 금잔화, 데이지, 팬지…. 이름을 다 나열할 수 없을 만큼 많습니다.

현재의 상황을 지나 돌아보게 될 때 결코 상처만은 아니었기를 바랍니다. 조금 더 성숙한 삶을 위해 인내와 지혜를 키운 시간이라 여겼으면 좋겠습니다. 이 봄이 다 가기 전 우리의 일상과 마음이 평안을 찾았으면 좋겠습니다.

봄이 지나가고 있습니다. 아니 진정한 봄이 우리 곁으로 오고 있는 중일 것입니다.

내편

산책길에 반려견을 동반하는 경우가 많다. 세 사람 중 한 명은 반려견을 데리고 있는 것 같다. 하나같이 교육을 잘 받은 듯 행인과 지나치거나 다른 견공을 봐도 약간의 호기심을 보이며 얌전히 지나간다. 하지만 뚠이의 반응은 다르다. 녀석은 자신보다 덩치가 몇 배나 되는 개를 보고 짖어대며 시비를 건다.

그럴 때면 혹여 싸움이라도 붙을까 봐 얼른 자리를 피한다. 그러다 보면 산책의 즐거움이나 여유는 저만치 달아나 버린다.

뚜이가 공격적인 데는 이유가 있다. 전 주인을 떠나와 살다 보니 분리 불안증이 생겼다. 다른 개들보다 겁이 많은 것은 교육의 시기를 놓쳐서 사회성이 부족한 탓도 있다. 한편으론 본능적으로 주인을 지켜야 한다는 책임감과 주인이 옆에 있으니 내 편이 있다는 믿음 때문이기도 하다. 내 편이 있다는 건 없던 용기도 생기게 하는 큰 힘이다.

사람에게 내 편은 평생 관심과 사랑으로 지켜주는 가족이다. 성인이 된 후에도 부모는 평생 자식 편이라는 의미에서 든든한 '백'이다. 아이들이 성장해서 결혼하는 날이 오면, 주례 앞에서 서로에게 '편'이 되기로 약속한다. 평생을 같은 편으로 살아갈 사람이 곁에 있다는 것만큼 훌륭한 '백'은 없다.

내 편이란 말만 들어도 따뜻해진다. 어렸을 적 기억을 더듬어 보면 편 가르기는 초등학교 때부터 시작된다. 운동회 때 청군 백군으로 나눠 줄다리기를 하거나 게임을 할 때면 친하지 않던 아이도 그날만은 한마음이 된다. 그랬을 때 결과도 좋았다.

누군가 내 편이라 느껴질 땐 지원군을 얻은 것처럼 든든하다. 남편과 처음 만났을 때 이 사람은 내 편이 되어줄 것으로 생각했다. 하지만 더러 낯선 모습에서 처음의 다짐이 허상인가 싶을 때도 있었다. 시간이 흘러 서로의 다름을 인정하고 받아들이면서 그제야 우리는 하나라는 생각이 들었다. 한편이 되어주어야 할 아이들이 태어나고 자라면서 비로소 온전한 내 편이 된 것이다.

말 못 하는 짐승에게 내 편은 어미와 새끼가, 같은 종족이, 혹은 주인이 한편이 되리라. 하지만 반려견들은 주인을 믿고 살다가도 유기견이 되는 경우도 적지 않다. 자신이 버려진 줄도 모르고 주인이 오길 기다리며 그 자리를 떠나지 못한다. 개는 주인이 내 편임을 믿고 있지만, 사람은 연을 끊기 위해 유기를 한 경우다. TV에서 이런 안타까운 모습을 볼 때마다 옆에 있는 뚠이를 다시 챙겨 보게 된다.

아들이 키우던 뚠이를 며칠씩 봐주다가 아예 우리 집으로 서재를 옮겨온 지 반년이 넘었다. 밤늦게 짖어대서 우리를 쩔쩔매게 하는 일도 줄어들었고, 매일 나서는 산책길도 즐거이 따라나선다. 뚠이로 인해 빼앗기는 시간이 많아서 피곤하고 지칠 때도 있지만 녀석이 우리에게 준 것도 많다. 운동이 꼭 필요한 나를 밖으로 나가 걷게 하고, 의기소침해진 남편을 웃게 만드는 것도 녀석이다. 주는 것만큼이나 우리가 받는 것도 많다.

내 편과 네 편은 틈이 있지만 너와 내가 '우리'가 되었을 땐 한층 온기가 더할 것이다. 부모가 아기를 얻었을 때, 신혼부부가 처음 한편이 되기로 약속했을 때처럼, 그 마음을 잊지 않고 살아간다면 서로에게 힘이 되고 위안이 되지 않을까. 세상일은 무조건 주기만 하거나 받기만 하는 경우는 없다. 베푸는 쪽에선 행복감을 느끼고 받는 쪽에선 부족함을 채울 수 있어 위안이 된다. 서로 그렇게 배려하면서 한편이 되어가는 것이다.

'뚠'이를 키우기 전에는 산책길에 반려견들이 그리 많은 줄 미처 몰랐다. 이제부터라도 산책길에서 무작정 짖는 일이 없도록 뚠이에게 소통법을 알려주어야겠다. 그러다 보면 뚠이가 산책을 즐길 테고, 동반한 우리도 여유로운 시간을 가질 수 있게 될 것이다.

남편 손에 이끌려 앞서가던 녀석이 되돌아와 내 가슴에 안긴다. 나는 등을 쓰다듬으며 속삭인다.

"뚠아! 우리가 네 편이 되어 줄게!"

어느 노가수의 노래

노老가수 모습을 볼 때면 큰 산이 떠오르곤 했다. 데뷔 60주년을 맞은 그녀가 무대에 섰다. 자신의 노래와 1960, 70년대 유행했던 번안 가요를 열창했다.

그 무렵 함께 활동했던 동료 가수들의 노래도 소개하며 관객들과 친교를 나누었다. 젊은 후배 가수들의 헌정 무대도 이어졌다.

송년 특집으로 편성된 공연은 그녀의 노래 인생을 축하하는 무대였다. 〈동백아가씨〉를 시작으로 한 곡 또 한 곡의 노래가 끝날 때마다 박수가 터져 나왔다. 열아홉 살에 데뷔해서 강산이 여섯 번이나 변했다는 남다른 소감도 들려주었다. 금지곡에 대한 이야기도 있었다. 시대마다 검열의 강도나 의미가 달라서 가사에 부정적인 면이 엿보이면 모두 금지곡이 되었는데, 국민 정서와 도덕적 잣대를 들이댔다. 하지만 그런 것들은 표면적인 이유였고 주로 정치적인 판단 때문이었다고 했다.

그녀가 가수가 되고 이년 후 5 · 16쿠데타가 일어나 정권이 바뀌었다. 경제개발정책은 적잖은 성과를 거두었지만, 정치 · 사회적으로 격동의 시기였다. 경제 살리기의 일환으로 청년들은 타국의 전쟁터로 파병되었다. 간호사와 광부들은 독일로 보내져 경제개발의 초석이 되었다. 그럴 때 그녀는 파병 간 군인들이 있는 월남으로, 광부들과 간호사들이 있는 독일로 위문 공연을 다녀오기도 했다. 그즈음 우리나라는 일제의 잔재를 걷어 내는 시기였고, 한국적인 정서가 들어간 우리 노래가 나오기도 했다.

TV를 보는 내내 노가수와 연배가 비슷한 친정어머니 생각이 났다. 관중들도 대부분 나이가 지긋했다. 지나간 시간을 추억하며 눈물짓는 모습을 보니 동시대를 살아온 사람들의 애환이 공감되었다. 그동안 가요계를 걸어온 가수도 많았으나 원로 중 현존하고 있는 가수라 그의 공연이 더 실감 났다.

지난해 초부터 유난히 음악방송이 많이 편성되었다. 유행처럼 시작된 트로트 열풍은 아이부터 노인까지 TV 앞으로 불러 앉혔다. 여러 채널에서 트로트 경연 장면이 나오다 보니 다양한 장르의 음악을 접하기 어렵게 되었다. 국악, 성악, 발라드에 이르기까지 타 장르를 해 왔던 사람들도 트로트에 도전해 경쟁이 치열해졌다. 나는 그동안 전통가요보다는 클래식과 영화음악, 발라드, 가곡 등에 익숙해 있었다. 하지만 어느 날부턴가 개개인의 사연과 함께 듣는 트로트가 또 다른 친근감을 줬다.

무엇보다 노래를 잘하는 사람이 그렇게 많은 줄 몰랐다. 대회 참가자들은 사연도 다양했다. 오랜 시간을 견뎌온 무명 가수가 있는가 하면, 자신을 알리기 위해 출연료를 받지 않고 무대에 선 사람도 있었다. 그들의 성공은 운이 좋아서가 아니었다. 힘든 상황을 잘 견뎌내고 한 길을 걸어온 결과였다. 훗날 누군가는 노가수처럼 큰 자리에 설 수도 있을 것이다.

가수라는 외길을 걸어온 장인이 엔딩 곡으로 〈내 삶에 이유 있음은〉을 불렀다. 관객들은 눈시울을 붉혔다. 공연 내내 조용한 노래를 들으면서도 지루하지 않았다. 어머니가 살아온 시간을 돌아보는 듯했고, 삶의 애환이 담긴 노랫말 때문이었다.

훗날, 어느 때면 트로트가 열풍을 일으킨 이 시대적 상황이 회자되리라. 음악은 어느 한쪽으로 편중되지 않아야 하겠지만 예전처럼 다양한 장르가 함께할 때 대중들의 행복지수가 높아질 것 같다. 오래도록 들어온 발라드풍의 노랫말은 '시'적인 느낌이 많았다. 서정적인 멜로디가 트롯하고는 달랐다. 트로트에선 생활의 냄새가 배인 삶의 질곡이 느껴진다면, 발라드는 아름다운 영상을 떠올리게 했다. 트로트가 인생을 제법 산 사람들이 듣는 것으로 생각해 왔다. 하지만 열 살 남짓한 아이들이 노래를 소화해 내는 걸

보면서 보편적 장르가 되었음을 알 수 있었다.

사람은 삶의 가치를 어디에 두느냐에 따라 사는 방법도 달라진다. 어떤 일이든 장인이 된다는 건 특별한 신념이나 인내, 노력 없이는 힘들다. 노가수도 그런 과정을 견뎌내었기에 지금의 자리에 서게 된 것이다. 그녀가 국민들에게 사랑을 받는 이유는 독특한 음색과 어떤 경우도 들뜨지 않는 겸손함이 아닐까 싶다. 전통가요를 이어가려는 사람들에게 성실함과 인내가 얼마나 중요한지 몸소 보여주고 있어 바라보는 마음이 훈훈하다.

“빛을 퍼뜨리는 두 가지 방법이 있다. 촛불이 되거나 그것을 비추는 거울이 되는 것이다.”

이디스 워튼(Edith Wharton)이란 여성 작가가 한 말을 빌려보면 노가수는 어쩌면 후자가 아닐까 싶다. 그녀는 사람들을 위로하던 명곡들이 사라져 가는 게 안타까웠다며 전통가요를 후세들에게 전하고 싶었다고 했다. 근래 트로트 열풍이 그녀의 뜻과 맞물린 것도 같아서 희망적이란 생각이 들었다. 코로나로 인해 설 수 있는 무대가 부족한 가수들이 다양한 채널에 나와 활동의 기회도 가졌고, 다른 장르 가수들도 전통가요에 도전해 숨은 능력을 보여주는 계기가 된 건 나름 의미 있게 다가왔다.

오랜 시간 한길을 걷는 예술인들을 보면 존경심이 생긴다. 장인의 길이 쉽지 않기 때문이다. 사회자가, 명곡은 언제 들어도 질리지 않고 다시 찾게 된다고 한다. 십 년 후 다시 이 자리에서 그녀의 노래를 듣고 싶단다. 그랬더니 노가수가 고개를 끄덕이며 조용히 웃어 보였다. 미소로 대신하던 무언의 약속이 오래도록 무대를 통해 이루어지길 바란다.

저문 날의 삽화

저녁노을이 깔리는 시간이다. 오가는 행인들 틈에 한 노인이 시선을 잡는다. 저만치서 손수레를 밀고 오다가 힘에 부친 듯 심호흡을 한다. 그 모습에서 늦가을 저녁 풍경을 느낀 건 내가 그 시간 어디쯤에 서 있기 때문인지도 모른다.

노인의 수레에는 빈 종이상자가 가득 실려 있다. 바짝

마른 몸에 굽은 허리로 그냥 걷기에도 힘들 것 같은데 저걸 어떻게 끌고 다닐까 싶다.

수레 쪽으로 다가선 바로 그때다. 횡단보도 앞에 선 초등학생 둘이 눈빛을 주고받는다. 신호가 바뀌자 가방을 단단히 메더니 손수레를 힘차게 민다. 나는 함께 밀었다는 사실 하나로 친밀감이 솟는다. "착하다."는 칭찬을 건네자 당연한 일을 했다며 발걸음이 저만큼 앞서 나간다.

'당연'이란 단어에 한 대 맞은 느낌이었다. 아이들 입에서 그 말을 듣는데 어른들의 무관심을 들킨 것 같아 부끄러웠다. 노인의 수레 옆에는 어른들이 꽤 있었으나 관심이 없었다. 그저 자신의 갈 길만 묵묵히 갈 뿐이었다.

폐지를 주워 살아가는 노인 인구가 전국에 백만 명이 된다고 한다. 손수레를 끌고 거리로 나서는 이유가 생활고 때문이라니 걱정스럽다. 노인을 위한 복지가 잘되고 있다고는 하지만, 사회적 도움의 손길이 고루 미치지 못하는 것 같아 안타깝다.

얼마 전, 기초생활 수급자인 일흔여섯 김 씨의 선행을 뉴스를 통해 보게 되었다. 그는 매일 아침 7시면 수레를 끌고 나와 폐지며 고철을 주웠다. 한 리어카를 채워서 받는 돈이 만 원 남짓하다가 폐지 값이 폭락해 반값이 되었다. 일 년간 모아도 10kg 쌀 80포대를 사기엔 부족해서 사비를 보태 기부했다. 지난 25년간 약 2천 포나 되는 양이다. 김 씨는 건강이 허락하는 한 폐지 모으는 일을 계속할 것이리며 웃어 보였다. 어려운 형편에도 누군가를 위해 그 오랜 기간을 꾸준한 봉사를 해오고 있다는 사실이 존경스럽다.

소소한 일에서 나부터 챙기게 되는 자신을 발견한다. 누군가는 나라를 위한 기도가 첫 번째라고 하지만 나는 내 가족의 안녕을 먼저 기도한 후 내가 아는 사람들을 위해 기도한다. 어떤 날은 길에서 만난 폐지 줍는 할머니를 보며 그분이 내 어머니가 아니어서 다행이라 여긴 적도 있다. 하지만 이웃이 편안해야 나도 편하다는 마음은 늘 가지고 산다. 누군가를 위해 꾸준하게 무언가를 하진 못했으나 그때마다 돌아보며 살았고, 그런 삶이 옳다는 신념만은 잃지 않고 있다.

세상엔 오른손이 하는 일을 왼손이 모르게 하는 사람이 있고, 나름의 방법으로 남을 도우며 살아가는 사람들도 있다. 힘든 상황 속에서도 봉사가 몸에 밴 김 씨나, 노인을 도와주려는 마음 착한 아이들처럼, 크고 작은 선행을 보고 들을 때마다 '인간을 인간답게 하는 것이 이타심이다.'는 말이 실감난다.

나이가 들면 할 수 있는 일이 줄어든다. 현직에 있는 친구들은 하나둘 퇴직하고, 평소에 하고 싶었던 일을 시작한 이들도 있다. 꽃 일을 하던 동료들도 이제는 뒤로 물러나 일손을 놓은 사람도 있다. 예전 같으면 상노인이 되었을 이순 중반의 나이지만 백세 시대인 요즘에 와서는 이순은 아직 청춘이라고 한다. 젊게 살자는 뜻이리라. 가끔 혼자 있는 시간이면 나이가 더 들면 무엇을 해야 할까 생각할 때가 있다. 그럴 때면 친구처럼 동행해 온 꽃 일이 있어 위로가 된다.

계절이 주는 느낌 때문일까. 세월이 묻어나는 나무들과 낡은 건물들, 거리의 노후한 보도블록 사이 빛바랜 잡풀들의 처연함, 굽은 허리로 힘겹게 걸어가는 노인을 보면 나도 모르게 시선이 간다. 오래된 그 모두가 애처롭고 애틋하다.

좀체 앞으로 나아가지 못하는 노인의 리어카다. 산더미

같은 박스를 보물처럼 싣고 가는 노인의 등에서 억척같은 삶의 의지가 읽힌다. 한 리어카에 삼사천 원 남짓 되는 돈을 받아 나올 때면 할 수 있는 일이 있어 고맙고, 아직은 아파 눕지 않아서 다행이라던 노인에게 나는 응원을 보낸다.

거리엔 어둠이 내리고 행인들의 발걸음도 바빠진다. 어느새 늦가을 저녁처럼 내 삶도 저물어 가고 있다.

제3부

라일락이 피는 집

라일락이 피는 집

햇살 가득한 봄날 오후다. 라일락 꽃잎이 분분히 날리는 빈집에 꽃향기가 가득하다. 가지마다 쌀알만 한 몽우리가 맺혔을 때 아들을 따라나선 할머니는 꽃을 흐드러지게 피웠는데도 감감무소식이다. 늦어도 열흘쯤 지나면 돌아오곤 했는데 자꾸 마음이 쓰인다.

할머니는 무료한 때 TV도 보고 실버카를 밀고 산책을 나가기도 했다. 몇 년 사이 나이 드신 분들이 하나둘 세상을 떠나고, 더러는 요양원으로 가면서 할머니는 마을에서 최고령 노인이 되었다. 잦은 나들이는 말벗이 없어서이기도 하고, 혼자 사는 아들 걱정 때문이기도 하다.

내가 이 집에 온 것은 십여 년 전이다. 이전에 살던 집에서 캐 버려질 신세였는데 이 집 딸의 눈에 들어 여기로 왔다. 할머니는 뿌리만 남은 나를 대문 옆에 심으며 '이게 무슨 꽃나무냐?'며 믿지 않았다. 새순이 날 때까지 지켜보다 여차하면 캐 버리겠다고 벼르곤 했다.

이른봄, 새순이 올라오자 할머니는 무척 좋아하셨다. 이태가 지나자 키가 쑥쑥 자랐고 가지도 벌어 네 번째 봄엔 희고 풍성한 꽃도 달았다. 내 모습을 보고 할머니는 "이것이 꽃나무긴 했나 보네." 하시며 감탄하셨다. 할머니는 넝쿨 장미가 나에게 기어오르면 치워 주었고, 수평으로 뻗어나간 새 가지를 끈으로 묶어준 덕에 꼿꼿하게 자랄 수 있었다. 나를 데려와 준 딸과, 관심을 갖고 보살펴준 할머니 덕분에 지금은 제법 운치 있는 꽃나무가 되었다.

봄이 오면 나는 동네 사람들의 부러움을 사곤 한다. 지나는 이들이 더러 걸음을 멈추고 가지를 슬쩍 꺾어 가고 싶어 할 때도 있다. 그때마다 집주인 얼굴이 떠오르는지 "주인도 없는 집에 꽃만 피어 향기를 흩날리네!"라며 아쉬운 듯 돌아서 가곤 했다.

그날도 옆집 할머니가 삽을 가져오더니 새로 난 내 뿌리를 캤다.

"미안하데이! 우리 집에 가져가서 잘 키워 보마!"

실버카에 어린것을 싣고 대문을 나서는 이웃집 노인을 보며 마음이 쓰였지만 할 수 있는 일이 없었다. 시간이 지나면 집을 떠난 어린것도 향기로 소식을 전해 올 것이다.

할머니는 어쩌다 내가 꽃을 피우는 것을 지켜볼 때도 있지만 대체로 집은 비우는 날이 많다. 어떤 때는 내가 주인이고 할머니가 손님같이 느껴질 때가 있다. 아들은 자기 걱정은 말라고 하지만 당신은 심심해서 시간 보내러 가는 거라며 집을 나서곤 한다.

내가 이 집에 오고 일곱 해가 되던 해 키가 두 뼘쯤 되는 연보라색 라일락이 가족이 되었다. 큰딸이 꽃가게에서 샀

다며 라일락을 심고 간 그날은 무척 기뻤다. 대문과 마주 보이는 남새밭 언저리에 자리를 잡은 어린 라일락은 내가 있는 곳에선 거리가 멀어 서로 만질 수도 없고, 귀엣말을 나눌 수도 없다. 하지만 한집 식구가 된 것만으로도 좋았다. 그녀가 우리에게 관심을 두는 것은 라일락을 좋아하는 이유도 있지만 집안에 향기 나는 꽃나무가 있으면 친정어머니의 빈자리가 덜 허전하리라 여겼기 때문이다.

태생부터 성장이 빠른 연보라와 나는 해가 갈수록 우람해져 간다. 올해도 가지가 늘어질 만큼 꽃송이를 달았다. 행인들은 꽃향기에 걸음을 멈추고 첫사랑을 떠올리거나 젊은 날을 회상하기도 한다. 그들이 한마디씩 던지는 칭찬을 듣고 있으면 얼마나 신이 나는지.

"금방 오마." 하고 가신 할머니가 하세월이다. 우리를 잊고 있는 건 아닐까. 나들이에서 돌아오면 제일 먼저 둥글게 말아뒀던 긴 호스를 풀어서 물부터 주곤 했는데 아들 곁이 좋아서 봄 가는 줄 모르고 있는 걸까. 연보라와 내가 이토록 간절하게 기다리는 줄 알기나 하실까.

봄은 언제나 짧다. 꽃 피는 찰나에 할머니가 없어 슬프다. 나는 오늘 올해의 마지막 꽃을 피우며 할머니를 기다린다. 인기척에 귀를 기울이며 가지를 슬며시 담장에 넘겨 본다. 물론 바람의 힘을 빌려서다. 오늘도 할머니는 소식이 없다. 마지막 남은 꽃이 지기 전에 할머니가 돌아왔으면 좋겠다.

그리움을 키우고 있는 이 순간에도 꽃 진 자리엔 초록 잎이 무성해져 가고 있다.

내가 벌써

어느 날부턴가 책 읽기가 불편해졌다. 글자가 겹쳐 보이다가 종내에는 눈앞에 안개가 낀 것처럼 시야가 흐려졌다. 병원에 갔더니 노안이란 진단이 나왔다.

노안은 예순쯤 되어야 오는 줄 알았다. 그런데 갓 마흔을 넘기자 찾아오다니, 나이 들었음을 알려주는 첫 신호를 받아들이기 힘들었다. 안경원에 들러 돋보기를 맞추었다.

그때가 20년 전이다.

그 무렵, '플라워 숍'을 열었다. 아이들이 초등학교에 들어가서 조금은 시간적 여유가 생겼을 때였다. 인테리어를 하며 식물과 꽃이 예쁘게 보이도록 형광등과 LED 전구도 달았다. 손님이 없는 시간이면 식물 위주로 흐린 조도를 맞춰둔 상태에서 책을 읽곤 했다.

나는 그때 꽃과 함께할 수 있는 내 공간을 갖고 싶은 마음이 앞서 있었다. 마흔 후반도 지나온 시간처럼 살 거라 생각했고, 시간은 내게 무한할 줄 알았다. 그즈음 나는 인생에서 가장 여유 있는 시간을 보내고 있었다. 아이들을 챙기며 가게 일을 했고, 틈틈이 출강을 하느라 바쁘게 살았다. 그동안 내 눈은 많은 일을 했지만 결과는 건강의 경고로 다가왔다.

몇 년 후 이사를 하면서 가게를 접었다. 대신 꽂꽂이 강의를 나가는 일이 많아졌다. 책 보는 것을 줄였더니 눈의 피로가 한결 덜했다. 안경원에 갈 때마다 와닿던 불안감은 '언제까지 책이나 글을 볼 수 있을까?'였다. 간혹 백 살이 넘은 할머니 머리가 다시 까맣게 난다는 말은 있어도, 한 번 나빠진 시력이 좋아졌다는 말은 거의 듣지 못했기 때문이었다.

친구가 내게 다초점 안경의 편리함을 설명하며 맞추기를 권한다. 아래로 내려다볼 때는 돋보기로, 멀리 볼 때는 일반 안경이 되는 방식이다. 편리할 것 같은 데도 망설인다. 안경을 끼기 시작하면 다시는 벗기 어려울 듯해서다. 일을 줄이고 욕심을 내려놓아야 할 때 또 하나를 더해야 한다는 사실이 부담스러워 선뜻 못 하고 있다.

얼마 전, 안과에 갔다가 노안 수술 광고를 보았다. 수술로 돋보기를 벗을 수 있다는 말에 잠시 광명을 찾은 심봉사 마음이 되었다. 정밀검사 후 의사는 어두운 곳에서 책 읽기를 삼가고, 숲이나 나무를 자주 보라고 일렀다. 멀리 보는 시력은 아직 괜찮다고 했다. 눈을 아껴 쓰라는 말도 잊지 않았다. 무엇보다 수술의 기회가 있다는 말에 위안이 되었다.

아흔이 되신 시어머님은 아직도 돋보기 없이 바늘귀에

실을 꿴다. 며느리인 내가 돋보기를 꺼내느라 허둥대고 있으면 “아가, 이리 주거라.” 하고는 실을 입에 물고, 붓끝 다루듯 하여 꿰어준다. 나는 마치 마술이라도 보듯 감탄한다.

나이 든 사람 중에는 어머님처럼 눈이 좋은 분도 많다. 농촌의 노인들은 눈보다 몸을 쓸 일이 많은 편이라 그런 것 같다. 직접 키운 건강한 식자재食資材로 음식을 만들어 먹은 영향도 있지 않았을까 하는 생각도 해본다. 하지만 요즘 와서 눈이 나빠지는 이유가 있다면 수시로 들여다보는 손전화기와 TV, 컴퓨터의 영향도 있으리라. 이래저래 눈을 혹사하는 일이 많아져 안경을 착용하는 사람들이 늘어나고 있다.

안경의 기능은 눈을 밝혀 사물을 보게 하는 것이라고 한다. 지식을 쌓는 일은 세상을 더 넓게 볼 기회가 될 수 있다. ‘아는 만큼 보인다.’는 말이 지식을 두고 한 말이라면 시력이 좋고 안 좋고는 ‘눈’ 건강을 두고 한 말일 것이다.

나이가 들면 신체 변화가 당연한 것임에도 시력을 일과

비꾼 느낌 또한 지울 수 없다. 이십오 세가 넘어가면 피부 노화가 시작된다. 그것은 서서히 진행되기 때문에 크게 느끼지 못한다. 하지만 원치 않은 노안은 어쩌면 노년으로 가는 첫 단계가 아닐까 싶다.

육신의 눈을 조금씩 내어 주고 심미안을 얻기까지 꽤 오랜 시간이 지났다. 나이가 들면 하나씩 내려놓기도 하고, 때로는 포기해야 할 일도 생긴다. 다 이루었다고 생각했던 일들도 지나고 보면 많은 일들 중 하나였고, 욕심이었다. 마음의 눈으로 바라보는 세상은 이전의 것과는 달랐다. 나이 든 어머님을 봐도 이제 정말 두고 갈 것만 남았음을 느낀다.

오래전 노안 진단을 받던 날을 떠올려 본다. 그때는 그저 번거롭겠다는 생각이 앞섰는데, 지금은 얼마나 더 오래 글을 볼 수 있을까 염려한다. 젊었을 때는 몰랐던 것을 이제 몸이 조금씩 알려주고 있다. 삼사십 대엔 보이는 것에 마음이 갔다면, 지금의 나는 보이는 것이 전부가 아니라는 사실도 안다. 이전에는 예쁘거나 빛나는 것, 유행에 마음을 두었다면 이제는 건강이 우선이다. 좀 적게 보고 적게 듣고 말은 줄여서 내 안을 고요하게 가꾸고 싶다. 그렇게 되면 책 읽기도 좀 오래도록 가능하지 않을까. 펼쳤던 책을 가만히 덮고 먼 산을 바라본다.

해장국

치킨을 시킨다. 모처럼 아빠와 한잔할 생각에 아들의 표정이 들떠 있다. 평소엔 말이 별로 없는 편인 차남이 오늘은 수다를 좀 떨 것 같다. 알코올이 몸에 들어가면 속마음을 털어놓곤 해서 가끔 술을 더 권하는 장난을 치곤 한다.

미혼인 첫째 아들은 타지에 살고, 둘째는 결혼 후 분가해 가까이 산다. 오늘처럼 아들이 본가에 걸음하면 남편이 생기를 찾는다. 직장 생활은 어떤지, 아픈 데는 없는지 이야기 나누며 자주 못 보는 아쉬움을 달래곤 한다.

저녁에 콩나물과 북어를 넣고 해장국을 끓인다. 산나물을 데쳐서 무치고, 상큼한 오이는 양념장에 버무린다. 김치와 마른반찬 몇 가지도 접시에 덜어낸다. 방금 배달되어 온 치킨도 포장을 뜯는다. 식기 전에 먹자며 국을 식탁에 떠다 놓으니 아들이 "술도 먹기 전에 웬 해장국인가요?" 한다. 혹시나 내일 아침 해장국 못 먹고 출근할까 봐 미리 끓였다고 했다. 남편의 얼굴에 언뜻 서운함이 스친다.

"아들은 술을 먹기도 전에 해장국 끓여다 주고…."

그가 속에 있던 말을 한다.

전화가 와서 남편이 자리를 비운 틈에 아들이 내게 이른다. 아빠 술 드신 후 신경 좀 쓰시라고 당부한다.

일 년 가야 모임에 몇 번 안 나가는 남편에게 해장국을 끓여주지 못할 때가 많았다. 과음했다는 걸 내가 알아채지 못했거나 까맣게 잊어버린 탓이었다. 아침상에 된장찌개 같은 걸 올려놓아서 해장국을 기대한 남편을 머쓱하게 만들곤 했다.

술을 마시면 자는 버릇이 있는 그는 내게 흐트러진 모습을 보인 적이 없다. 얼굴조차 붉어지지 않아 가볍게 한잔했겠거니 하며 지나친다. 그러니 해장국 생각을 못 할 수밖에.

내가 술을 배워 보려 해봤다. 한 모금 넘기는 순간 맥이 풀리고 호흡이 가빠왔다. 체질에 맞지 않았다. 만약 '술'과 친할 수 있었다면 속 쓰린 사정을 헤아릴 줄 알았을 거란 생각이 든다.

사회생활을 하다 보면 사업상 누굴 만나거나, 지인이나 친구들을 만나 한잔할 때도 있다. 속상한 마음은 술자리 중에 대화로 풀리기도 하니 이런 자리가 필요할 법하다. 거기에다 다음날 해장국이 쓰린 속과 복잡한 마음을 다독여 준다면 더 힘이 났을 텐데 그 마음을 알아주지 못했다.

남편이 개인 사업을 하고부터 세끼를 집에서 먹는다. 누가 뭐래도 집밥이 최고라던 남편을 위해 끼니를 소홀히 한 적은 없다. 한때 '삼세기'라고 우스갯소리를 해도 개의치 않던 그였다. 그렇게 야무지게 끼니를 챙겨왔던 내가 일 년에 너덧 번 징도 쓰린 속을 달래주지 못했다는 게 아쉽다.

누군가가 자신을 챙겨준다는 걸 느낄 때면 위로가 된다. 그러다 순위에서 밀려난 것을 아는 순간 서운함이 폭발한다. 남편도 그런 마음이었을 것 같다.

남편과 아들을 두고 해장국으로 차별을 한 것은 아니다. 다만 내 손을 떠난 아들을 더 애틋하게 챙기고 싶은 모정 때문이었다고 이해해 주었으면 한다.

“해장국 그게 뭐라고!”

내일 아침엔 꼭 해장국을 끓여서 남편의 소외감을 풀어 주리라.

요즘은 남편이 모임에 다녀오면 꿀물부터 건넨다. 다음 날 깜빡하고 해장국을 잊어버려도 조금 덜 미안할 것 같아서다.

저녁상을 물리고, 아들이 제집으로 가기 위해 일어선다. 음주 후 붉어지지 않는 얼굴을 보니 제 아빠 체질을 닮았다. 얼른 꿀물을 두 남자에게 건넨다.

“혹시나 해서 ….”

짧은 순간 눈빛을 교환하던 부자가 그만 웃음을 터트린다.

가만있으소

문 앞에 섰던 승객이 내리고 시내버스가 움직이려는 순간이었다. 노인 한 분이 다급한 목소리를 냈다.

"가만히 있으소!"

할머니가 버스 뒤쪽 좌석에서 걸어 나오고 있었다. 승객 중에 "진작 좀 나오지."라고 투덜거리는 이와 "그 할머니

대단하시다."응원을 보내는 이도 있었다. 버스 기사는 노인이 내리는 걸 확인하자 서서히 차를 움직였다.

할머니는 차창 밖에서 허리를 한껏 젖힌 채 버스를 향해 손을 흔들었다. 고맙다는 손짓 같았다. 나도 마주 손을 흔들며 미소 지었다. 할머니는 버스가 멀어질 때까지 한참 정류장에 서 있었다.

언젠가 버스를 탔을 때 운전기사에게 민망한 소리를 듣던 어르신들의 모습이 떠올랐다. '웬만하면 집에 계시지 뭐 하러 나오셨냐.'며 핀잔을 주기도 하고, 빨리 타거나 내리라고 채근하곤 했다. 마음은 급한데 몸이 말을 듣지 않아 조바심 내던 모습이 안타까웠다. 예의 없는 기사가 눈에 거슬렸다. 그게 남의 일 같지 않았던 건 연로하신 내 부모에게 생길 수 있는 일이었고, 나도 나이가 적지 않기 때문이었다. "늙는 길 가시로 막고 오는 백발 막대로 치려했더니 백발이 제 먼저 알고 지름길로 오더라."던 우탁의 옛 시조가 머릿속을 오락가락하며 기분이 씁쓸했었다.

노인이 되는 일은 누구나 낯설다. 인생에서 바쁜 시간

이 지났는가 싶을 때면 애지중지 키우던 자식들은 둥지를 떠나고, 사회활동도 줄어들어 시간 여유가 생긴다. 더불어 걱정거리도 담백해진다. 오랜 시간 함께하던 친구들마저 하나둘씩 병석에 눕거나 세상을 등졌다는 소식이 들려올 때면 내가 늙어 가고 있음을 실감하게 된다. 살아온 길을 돌아보며 남은 시간을 어찌 보낼까 고민도 하게 된다. 머지않은 날의 내 모습일지도 모를 일이다.

현재 이순쯤 되는 사람들을 일컬어 끼인 세대라고 한다. 위로는 시어른을 챙기고 아래로는 신세대 며느리를 두고 있는 사람이 많다. 남자들은 가정에서 위치가 달라졌고, 시어머니와 며느리의 입장이 바뀌었다고도 한다. 오죽하면 세상이 개벽했다고 할까. 시어머니의 위상이 낮아지고 젊은 며느리 목소리가 커지는 세상에서 노년에 접어드는 우리 세대는 급격한 변화가 혼란스럽다. 하지만 변화를 받아들이는 것이 세대 간의 거리를 좁히는 일이 아닐까 싶다.

할머니가 멈춘 버스는 바쁜 이들에게 폐가 되었을 것이

다. 하지만 나에겐 연로한 이들의 현실을 돌아볼 수 있는 시간이기도 했고, 자존감 있어 보이는 당당한 모습에 한 수 배워야겠다는 생각도 갖게 했다. 나 같으면 우물쭈물 눈치를 보다 내릴 곳을 지나쳐 버렸을 테니 말이다.

그 할머니처럼 당당하려면 지금부터 노력해야 할 것 같다. 제때 말할 수 있는 용기는 갑자기 생기지 않는다. 평소에 어떤 생각을 하고 사느냐에 따라 행동도 따라간다. 자존감을 높이도록 애쓴다면 어디서든 할말을 못 하지는 않을 것 같다.

근래 아카데미 여우조연상을 받은 배우의 이야기가 매스컴에서 조명을 받고 있다. 자식들과 살아남기 위해 일을 했고, 연기를 천직으로 여겨 왔다고 한다. 재치 있게 수상 소감을 말해 세계인들의 찬사를 받기도 한다. 오랜 시간 연기를 해온 그녀는 일흔을 넘긴 나이에 배우로서 정점을 찍는 모습을 보여 준다. 뉴스를 보던 이들이 진심으로 축하의 박수를 보낸다.

잘 늙어 가고 싶다는 생각을 한다. 완성된 인생 무대를 만들기 위해 내 역할에 최선을 다하리란 다짐도 해본다. 그래서 인생 무대에서 내려올 때 후회나 부끄러움이 없었으면 한다. 훗날, 내가 머문 자리마저 내어 주고 훌훌 홀가분하게 떠날 수 있도록.

그 남자의 겨울

“아이쿠, 저걸 어째!” 탄식이 흘러나온다. 산짐승 한 마리가 도로를 질주하고 있다. 몸길이가 1미터쯤 되어 보이는 고라니가 앞만 보며 달린다. 입화산 기슭에서 길을 잘못 든 모양이다.

출근 시간이 지난 때라 거리는 한산했다. 버스 승강장에 섰던 나는 진귀한 광경에 눈이 휘둥그레졌다. 길 중앙을 달리는 고라니의 표정엔 공포가 가득했다. 혼은 반쯤 나가 있었다. 낯선 두려움이 고라니를 무작정 달리게 만든 거였다. 자칫 방향을 잘못 틀었다가 로드킬 당할까 봐 조마조마했다. 그런데 잠깐 사이에 시야에서 사라졌다.

고라니가 무심결에 들어선 길이 운명의 길이 된 것처럼 사람에게도 그런 순간이 있는 것 같다. 내가 그 남자와 마주한 것은 지난겨울 사촌형님 댁에 갔을 때였다. 형님 내외분과는 친숙해 보이던 그는 근처에 사는 노숙자였다. 쉰 중반쯤 되어 보였다. 추위 때문인지 퉁퉁 부은 얼굴을 한 그는 낯선 사람을 외면하려고 시선을 애써 바닥에 두었다. 머뭇거리는 남자를 기다리게 해놓고 아래채로 내려간 형님은 보따리 하나를 가져와 그에게 주었다. 겨울옷 몇 가지 챙겨 넣었다고 했다.

"더운밥이라도 주고 싶은데 오늘은 안 되겠어요. 미안해요."

그냥 보내는 것이 마음에 걸렸던 형님은 저녁에 꼭 다시 들르라고 했다. 그는 괜찮다며 공손하게 인사를 하고 나갔다. 어깨를 잔뜩 웅크린 채 걷는 남자의 뒷모습을 보며 손님으로 간 나 때문인 것 같아 미안했다.

어쩌다 저 나이 먹도록 집도 없이 이곳까지 흘러왔을까. 지난 시간 열심히 살아왔는지 아니면 시간을 허비하고 살다 보니 여기까지 오게 되었는지 알 수 없으나 남자 모습이 추수 끝난 후 빈들에 떨어진 나락 같았다.

그가 형님이 사는 마을로 들어온 지는 삼 년이 되었다. 강과 들판이 있는 곳이라 남자에게 고향을 떠올리게 했는지 모른다는 얘길 들었다. 그는 봄이면 하우스 일을 거들며 끼니를 해결했고, 그렇게 번 돈으로 간신히 생활해왔다.

그는 추수가 시작되고 들판이 비어가면 겨울을 날 걱정을 했다. 움막 생활을 하는 그는 나뭇가지로 불을 피워 추위를 달래 왔다. 얻어둔 옷을 겹겹이 입고 비닐을 둘러쓰고 잠을 청했다. 겨울은 그에게 혹독한 계절이었다.

인생은 선택의 연속이란 말이 생각난다. 그리고 그 선택에 의해 살아가야 하는 것이라고…. 이제 지천명을 지나고 있는 그에게 봄은 언제쯤 올까. 그에게도 꿈이 있을 터이니 다시 희망의 동아줄을 잡는 기회가 주어지길 바란다. 지금은 비록 어렵더라도 최선을 다해 노력하다 보면 언젠가는 기적 같은 일이 생길 것이다.

문득 빈곤층들은 하루하루가 전쟁 같다던 어느 일용직의 말이 생각난다. 그리고 하루 세끼 먹기도 힘든 사람들의 고달픈 사연도 신문이나 뉴스에서 자주 보게 된다. 탄생부터 좋은 환경이 주어지는 사람들이 있는가 하면, 처음부터 어려운 환경 속에서 살아가야 하는 사람들도 있다. 지하철역이나 공중화장실, 공원 같은 데서 더위와 추위를 피해 가며 생존하는 이들의 지난한 이야기를 듣다 보면, 오갈 데 없는 그 모두가 어쩌면 길 위에서 길을 잃은 사람들인지도 모른다는 생각이 든다.

무심히 오고 가는 계절 앞에서 누군가는 여유 있게 여행을 떠나고, 새로운 계획을 세우기도 한다. 평범한 일상이 행복이란 걸 힘든 일을 겪어 본 사람은 안다. 모두가 편해질 날은 언제쯤 올까. 그가 올겨울을 따뜻하게 난다는 소식을 듣고 싶다.

어수선하던 거리에 차들이 쌩쌩 달린다. 나는 고라니가 또 나타날까 봐 조마조마해진다. 쉽게 떨어지지 않는 걸음을 옮기며 난 자꾸만 뒤를 돌아본다.

습관을 돌아보다

돋보기안경이 없다. 책상과 냉장고 주변, 화장실 할 것 없이 자주 손 가던 곳을 둘러봐도 눈에 띄지 않는다. 어젯밤에 쓰고 난 뒤 핸드폰과 나란히 두었는데 흔적도 없다.

핸드폰을 찾을 때처럼 신호를 보내 보라며 남편이 농담을 했다. 정말 소중한 물건에는 소리가 나는 장치를 해두면 좋겠다. 잠시 여유를 찾으려고 커피포트에 물을 올려놓고 소파에 앉았다. 무심코 고개를 옆으로 돌리는 순간 유리 탁자 한켠에 돋보기가 얌전히 놓여 있었다. 스킨답서스 화분이 거기에 있어 눈에 띄지 않았던 것이다. 오늘 같은 일이 습관적으로 이어질까 봐 겁난다. 잦은 건망증은 치매로 갈 수 있다던데….

치매는 행복하거나 고통스러운 순간의 기억에 머물게 한다고 들었다. 할머니에게 처음 치매가 왔을 때가 기억난다. 할머니가 없는 일을 금방 일어난 일처럼 자꾸 얘기하신다며 어머니가 걱정하셨다. 나는 단순한 건망증일 거라며 안심시켜 드렸다.

시간이 지나면서 할머니의 건망증은 치매로 진행되었다. 할머니는 어머니에게 '새댁'이라고 부르기도 하고, 짧은 외출에도 아이처럼 따라가겠다며 떼를 쓰기도 하셨다. 어느 날에는 혼자 집을 나선 할머니를 찾아 모셔 오기도 했다. 때로는 어머니 속옷을 가져다 당신 서랍에 넣어 두거나 색깔이 화사한 새 이불을 당신 방에 가져다 놓곤 하셨다.

햇살이 따사로운 날이었다. 할머니가 대문 밖에서 해바라기를 하는 사이 어머니가 방을 치웠다. 침낭 밑에서 옷

가지와 돈 봉투를 발견했다. 그곳은 할머니만 아는 비밀 장소였다. 그 이후, 할머니는 더 깊숙한 곳에 물건을 숨겼다.

할머니가 세상을 떠난 뒤 집수리를 했다. 방 안의 물건들을 모두 꺼냈는데도 돈이 나오지 않았다. 두 분이 무난한 고부 사이였는데도 어머니에게 비밀 장소를 알려주지 않았다. 누구를 주고 싶었던 걸까. 어머니가 어쩌면 서운한 마음이 들었을지도 모르겠다.

할머니의 기억은 삼, 사십 대에 멈춰 있었다. 내 기억 속의 할머니는 언제나 재바르고 단아하셨다. 치매가 왔어도 흐트러짐이 없는 편이었다. 함께 사는 어머니가 힘든 시간을 보낼 때 할머니는 젊은 날의 기억 속에서 과거와 현재를 드나들며 행복해하셨다. 치매가 순했던 할머니는 아흔에 세상을 떠나셨다.

지금 돌아봐도 몸에 밴 습관이 할머니의 순한 모습을 유지할 수 있게 했을 거란 생각이 든다. 나는 할머니의 성품을 많이 닮았다. 하지만 할머니처럼 야무지거나 재바르지는 않다. 세상 떠나시기 십 년 전까지 몸이 건강하셨던 할머니와 달리 나는 벌써 여기저기 아프기 시작한다. 물건을 사면 돈만 먼저 주고 물건을 두고 올 때도 있다. 그때마다 긴장이 되곤 한다.

오래전 직장 생활할 때 거래처 중에 유치원을 경영하는 부부가 있었다. 오십 대였던 그들에게는 자식이 없었다. 부부는 어딜 가나 함께 다녔다. 아내는 그리 무겁지 않은 물건도 둘로 나누어서 하나는 본인이 가지고 가고, 나머지는 남편이 챙겨가게 했다.

그때는 그들의 행동이 이해되지 않았다. 하지만 자주 만나면서 궁금증을 풀 기회가 있었다. 둘만 살다 보니 서로를 챙겨야겠다는 생각이 들었고, 그렇게 살다 보면 생활 속 습관이 몸에 밸 것이란 믿음이 있었다고 했다. 가장이라는 책임감도 넌지시 알려 주고 싶었다는 말을 들었다. 그 아내에게서 남다른 지혜가 느껴졌다. 그때 내 나이 20대 중반이었다. 지금쯤은 이 세상 사람들이 아닐지도 모르겠으나 사는 동안은 몸에 밴 습관으로 평생 서로 챙겨가며 살지 않았을까 싶다.

치매가 오면 평소 마음에 묻어두었던 감정이 표출된다고 한다. 성품이나 습관에 따라 못난 모습이나 고운 행동으로 드러난다. 이 사실을 인지하고 평소에 좋은 습관과 마음가짐을 갖도록 애쓰고 있다.

스킨답서스 잎사귀 뒤에 있던 돋보기를 꺼낸다. 오늘 일은 치매와 연관성이 없다고 스스로를 설득시킨다. 그래도 은근히 무거워 오는 마음은 어쩔 수 없다.

길 위에서

건널목 앞 신호등이 노란불로 바뀐다. 차들이 서서히 멈춘다. 그 순간 눈치를 보던 운전자 몇이 앞차 꼬리를 물고 건널목을 돌아 나간다. 뒤따르는 차를 보는데 아슬아슬하다. 잠시 후 보행자 신호등에 초록 불이 들어온다. 횡단보도 양쪽에서 신호를 기다리던 사람들이 우루루 길을 건넌다.

나는 손에 든 짐이 무거워 빨리 걸을 수가 없다. 마음은 급한데 양손에 든 시장바구니가 보행에 걸림돌이 된다. 당황해 하는 나를 본 청년이 뛰어온다. 물건을 받아 든다. 덕분에 횡단보도 신호가 끝나기 전에 인도에 선다. 고맙다고 하자 청년이 꾸벅 인사를 하고 돌아선다.

넓은 도로 앞에 서면 그 길이 멀게 느껴진나. 일마 전만 해도 초록 불의 타이머가 몇 개 남아 있을 정도의 속도로 횡단보도를 건넜다. 하지만 무릎 관절경수술 후부터는 아무리 바빠도 빨리 걷거나 뛰는 일은 어림도 없다. 이젠 스쳐 지나가는 사람들의 뒷모습을 바라보며 허둥지둥 걷게 돼 슬프다.

남동생이 사는 곳으로 가려면 6차선 도로를 건너야 한다. 그곳에 설 때마다 장을 봐서 물건을 손에 든 노인들 모습이 예사로 안 보인다. 내 손에 든 게 가벼울 때는 물건을 들어 주곤 했지만 이제는 타인의 짐을 들어 줄 수가 없다. 마음이 앞서 짐을 냉큼 받아 들었다간 다시 돌려주어야만 한다. 몸은 안 된다고 신호를 보내는데 마음이 말을 듣지 않아 난감하다.

물건을 들어주던 청년처럼 나도 그 시간을 지나왔다. 누구에게나 달리는 차들처럼 거침없었던 젊은 날이 있었을 테고, 노란 신호 앞에서처럼 어떤 결정 앞두고 망설일 때도 있었을 것이다. 그때가 엊그제 같은데 머지않아 도로 한가운데서 누군가의 도움을 기다리게 될지도 모른다는 사실이 서글프다.

바깥 활동을 하는 사람이라면 거리에서 보내는 시간이 많다. 누구나 누리는 일상이 어떤 사람들에게는 희망이 되기도 한다. 하지만 편리함이나 고마움을 잊고 살다가 재난을 당하거나 건강을 잃고 나면 비로소 깨닫게 된다. 건강관리를 잘하면 삶의 질이 달라지고, 소중한 것을 지켜 내는 데는 지극한 노력이 필요하다는 것을.

이제는 나도 인생의 모퉁이를 돌아야 한다. 건널목 앞에서 맞은편 길로 이동하기 위해서는 다시 용기를 내야 하리라. 마음이 앞선다. 그러자 몸이 타이른다. '천천히! 천천히! 그러나 너무 늦지 않게!' 그 소리에 귀 기울인다.

달리던 차들이 속도를 줄이며 정지선에 선다. 누군가는 즐거운 일로, 또 누군가는 다급한 일로 길을 나서 차를 타거나 길을 건넌다. 인생도 어쩌면 저 신호등처럼 순리를 따라야 삶이 무난하지 않을까. 타인을 위하는 일은 마음이 먼저 움직여야 몸도 나서게 된다. 위험한 줄 알면서도 성큼 나서 준 청년의 모습이 기억에 오래 남을 것 같다.

길 위엔 사람들이 오가고 있다. 목적은 달라도 그 하루가 소중한 건 같을 것이다. 좀 전까지 부지런히 내 옆을 걷던 할머니가 승강장에서 빈자리를 찾아 앉는다. 정류장 의자엔 나이 드신 분들이 대다수다. 장 구경이라도 다녀오시는지, 손엔 크고 작은 시장바구니가 들려 있다.

저만큼에서 시내버스가 오자 꼬부랑 할머니가 옆 사람의 도움을 받아 버스에 오른다. 창가 자리를 찾아 앉자 차가 출발한다. 나도 전광판의 버스 시간을 살펴본다. 내가 탈 버스가 오고 있다.

쉿!

크리스마스를 지나면서 나는 네 살이 되었다. 이 집에 온 지는 3년째다. 처음 엄마 아빠를 만났을 때는 3개월짜리 강아지였다.

애견 카페에서 내 모습에 반해 며칠을 오가더니 나를 점찍었다. 반려견을 키워 본 경험이 있는 엄마는 반대했지만, 어릴 때부터 강아지를 키우고 싶었던 아빠가 이겨 내가 가족이 되었다.

나는 몰티즈 수컷이다. 얼굴이 동그랗고 예쁜 암컷에 비해 하관이 약간 길어 조금 못난 편이다. 털을 깎아 놓으면 고라니 새끼 같고, 털이 길면 사자 새끼 같다는 말을 들은 적이 있다.

엄마 아빠가 여행을 갈 때마다 나는 할머니 집에서 며칠씩 지냈다. 그런데 엄마가 결혼 사 년 만에 임신을 해 입덧이 심했다. 침대에 누워 지내는 시간이 많아 나를 챙길 상황이 못 되어 할머니 집에 와 있게 되었다.

개인 사업을 하는 할아버지가 처음엔 정을 주지 않았다. 그래서 내가 문소리 날 때마다 쪼르르 달려 나가 반겨주자 어느 순간 내게 푹 빠져버렸다. 책을 읽거나 컴퓨터 앞에서 보내는 시간이 많은 할머니는 나와 지낼 때가 많다. 덕분에 빈집에 나 혼자 남으면 어쩌나 하는 걱정은 하지 않는다.

아기 원이가 조금 크면 다시 돌아가리란 희망을 품고 산 지 3년이 넘어가고 있다. 원이는 한 달에 한 번씩 이곳에 들른다. 내가 진해 보려고 다가가면 기겁하며 울어서 그만

머쓱해진다. 민망해서 켄넬 속에 들어가 눈치를 본다. 나를 좋아하던 아빠도 행여나 원이를 물기라도 할까 봐 나를 등 뒤로 밀어낸다. 원이가 부럽다. 나와 거리를 두는 아빠의 몸짓이 서운하다.

아빠가 또 다녀가셨다. 그사이 조금 더 자란 원이는 내게 손을 주고 털을 만지기도 하며 곁을 내줬다. 나는 원이가 공을 던지면 입으로 물고 와 다시 던지며 친구처럼 놀아줬다.

한 달에 두어 번은 밀양 왕할머니 댁에 간다. 마을엔 나보다 큰 개들이 많다. 내가 짖으면 개들이 합창을 해 마을이 떠들썩해진다. 조용하던 마을이 시끄러워지자 사람들은 나를 문제견으로 낙인찍었다. 동네 어른들은 "저놈 또 왔네!" 하며 어디 줘 버리라든지, 없애버리라고들 한다. 그럴 때마다 할머니는 그럴 수 없다며 어른들을 이해시키려 애쓰신다.

할머니는 함께 살아보니 무슨 인연인지 사람 마음을 아리게 한다며 혼잣말을 하신다. 사람들은 나 때문에 힘들 것 같은 할머니를 위해서라며 버리라고들 하지만, 행여 내가 그 말을 알아듣기라도 할까 봐 얼른 내 귀를 막아 주곤 한다.

사실 내가 문제견인 이유는 자주 짖어서다. 한 번 식구들을 떠나와서 그런지, 사회성이 부족해서 그런 건지 나도 잘 모르겠다. 내가 가장 좋아하는 것은 할아버지 차를 타고 드라이브하는 것과 산책을 나가는 것이다. 열린 창으로 불어오는 바람 냄새를 맡고 있다가도 사람만 보면 마구 짖게 된다. 기분에 들떠서인데 할아버지는 그것도 모르고 나가는 횟수를 줄였다. 산책을 갈 땐 조붓한 등산길에서 누군가 나타나면 나도 놀라서 짖게 된다. 절대 상대를 놀라게 할 의도는 없었다. 이런 이유로 내가 좋아하는 두 가지가 줄고 말았다.

어느 날 할아버지가 훈련사를 불러왔다. 분리불안 교육을 위해서라고 했다. 켄넬에 들어가 있기, 산책할 때 보조 맞추며 걷기, 사람들 보고 짖지 않기 등, 그중 몇 가지는 잘할 수 있었다. 하지만 홀로 집 지키는 일은 내 의지대로 되지 않았다. 바깥일을 봐야 할 할머니의 발목을 잡고 있는 셈이다. 할머니께 너무 죄송하다.

요즘은 놀이방에 가끔 간다. 나 때문에 외출이 어려운 할머니가 생각해 내신 방법이다. 첫날 가자마자 낯선 친구들 앞에서 배변 패드를 채우는 바람에 민망했다. 체면이 구겨지고 자존심이 상했다. 그곳엔 나보다 작은 친구들도 있고 나처럼 겁 많은 친구도 있었다. 냄새를 맡는 것으로 인사를 하고 할머니가 데리러 올 때까지 신나게 놀았다. 겁이 많다며 쫄보라고 놀리던 아빠 말이 생각나 친구들 앞에서 애써 씩씩한 척도 했다.

할머니는 내게 아프지 말라며 건강하게 함께 늙어 가잔다. 나는 두 분이 나를 무척 사랑한다는 사실을 안다. 하지만 여전히 아빠가 나를 데리러 오리라는 희망은 버리지 않고 산다. 쉿! 이건 비밀이다. 할머니 할아버지가 알면 서운할 테니까.

태화들

산책을 나선 길이다. 축제로 부산했던 봄이 지난 자리에 고요가 묻어난다. 대숲에서 바라본 들녘의 표정에서 여유가 느껴진다.

순간 머리 위에서 쏴~ 소리가 들린다. 고개를 드니 바람에 댓잎이 스치는 소리다. 아니 이제 막 비가 흩날리기 시작한다.

나는 잠시 이대로 귀가할 것인가, 상황을 두고 볼 것인가를 고민한다. 그러다 대숲 안으로 더 들어가 보기로 한다. 내리는 비 때문인지 비의 기억이 머릿속에서 일어선다.

이태 전에 큰 태풍이 왔었다. 10월에 온 '차바'로 비가 엄청나게 쏟아졌다. 시간당 131.5밀리미터란 강수량을 기록했고, 300밀리미터가 넘게 내린 비는 태화강을 넘치게 했다. 태화들과 강은 순식간에 하나가 되었다. 대숲이 물에 잠기고 강변에 주차해 둔 차가 떠내려갔다. 낮은 지대에 있던 태화 시장이 물에 잠겼다. 텔레비전에서 울산의 태화강이 넘쳤다는 소식이 매시간 방송되었다.

다음날 비가 그쳤다. 나는 들을 찾았다. 나무가 우듬지만 남기고 잠겨 있었다. 물은 이틀 만에 빠졌다. 목까지 잠겼던 나무와 평소에 다니던 길도 모습을 드러냈다. 산책로는 흙탕물이 스쳐간 상흔이 선연했다. 길섶의 야생화도 쓸려가고 없었다. 해병대원들이 트럭을 타고 와서 복구 작업을 했다. 여러 날 봉사자들이 힘을 보태면서 들은 차츰 정상으로 돌아왔다.

내숲은 정비를 했지만 어수선함은 그대로 남아 있었다. 꺾어진 대나무 끝에 깃발처럼 걸린 것이 눈에 띄었다. 손수건 같기도 한 천 조각이 대나무 끝에 간신히 걸려 있었다. 그것이 폭우가 쏟아졌던 날을 떠올리게 했다. 대나무를 잡고 안간힘을 쓰고 있던 남자의 모습을 티브이로 보면서 가까운 곳의 일이라는 게 믿기지 않았다. 뉴스 장면을 보며 얼마나 안타까웠는지 모른다. 강변에 살면서 처음 있는 일이었다.

그날의 비는 초등학교 때 냇물을 건너며 느꼈던 기억을 불러왔다. 비가 몹시 내리던 날이었다. 하굣길에 냇물이 불어날까 봐 걸음을 재촉했다. 길은 멀고 마음은 조급했다. 물은 금세 아이들이 건너지 못할 만큼 불어났다. 나를 기다리고 계시던 할머니의 등에 업혀 겨우 내를 건널 수 있었다.

이때 많은 양의 비로 논둑이 터지고 이웃집 논들이 하나가 되는 이변도 생겼다. 개울물이 대문 앞에 기웃거리다 종내에는 슬금슬금 마당까지 들어왔다. 물길 따라 들어온

미꾸라지가 누런 배를 보이며 빗줄기를 따라 오르기도 했다. 나중에는 비를 타고 떨어지는 것인지 비를 타고 오르는 것인지 구별이 되지 않았다. 비가 많이 오는 날이면 낯선 풍경에 취해있던 내 모습이 생각난다.

우리나라 날씨가 아열대로 바뀌어 가며 기상이변이 자주 생긴다. 온실효과로 봄과 가을이 짧아지고, 여름은 길어져 사람들을 더위에 지치게 한다. 예측할 수 없는 날씨는 가뭄에 허덕이게 만들고, 폭우를 뿌려 한 해 농사를 망쳐버리기도 한다. 자연재해 앞에 인간은 무기력하고 나약하기 그지없다. 인간이 훼손한 자연은 결국 부메랑이 되어 감당하기 힘든 재해로 돌아온다.

산다는 건 어쩌면 자연만큼 변화무쌍한 것이 아닐까. 맑은 날이 있으면 비 오는 날도 있듯이 매일 사건 사고가 일어난다. 큰일을 겪다 보면 미리 살펴보는 지혜가 생긴다. 자연과 더불어 살기 위해선 나무 한 그루 풀 한 포기도 소중하게 여겨야 한다.

자분자분 내리던 비가 잦아드는 것 같아 강가를 걷는다.

늪가에 자생하던 물레나물과 수양버들이 비를 맞아 생기를 더해가고, 물안개가 수증기처럼 피어올랐다가 바람 따라 흩어진다. 내 젖은 옷에서 불편감이 느껴지기 시작한다. 집으로 돌아가고 싶다는 생각에 발걸음을 돌린다.

오랜만에 비를 맞아보는 것도 나쁘지 않은 것 같다. 이 비가 그치면 태화들은 여름을 맞을 것이다.

라벤더가 있는 풍경
2023. 5. 17

제4부

라벤더 향기로 말을 걸다

고명

따스함이 그리운 계절이다. 창틈으로 들어오는 바람이 제법 차다. 이런 날은 고명이 예쁘게 올려진 떡국이 제격이다. 가스 불에 육수를 올린다. 달걀흰자와 노른자로 지단을 부쳐놓고 소고기도 볶아 준비한다. 떡국만 넣어서 끓이면 된다.

음식에 들이기는 고명은 특별한 날에 쓰이는 것도 있지만 자주 접할 수 있는 것도 있다. 계란과 파, 호박, 소고기 간 것, 김 가루 등은 평소 식단에 자주 오르는 것이다. 비빔밥이나 국수, 떡국에 넣어서 먹기도 한다. 고명의 색은 시각적인 멋도 높여 주고 음식의 완성도도 높인다. '한국의 전통색'에 의하면 맛과 색상에서도 음양오행의 원리를 지키려 했다. 오방색의 고명은 나쁜 기운을 막고 건강하게 오래 살기를 기원하는 뜻이 담겨 있다.

처음 떡국을 끓여 본 것은 결혼 후 시댁에서 설을 맞았을 때다. 외아들과 결혼해 첫 설을 맞은 나는, 새벽에 일어나 떡국을 끓였다. 어머님이 자잘하게 다진 소고기를 간장을 넣어 볶고 달걀지단을 부쳐 썰어 놓으셨기에 쉽게 떡국을 끓여 낼 수 있었다.

시어른들께 세배를 드리고 덕담을 듣고 나면 떡국을 먹었다. 새로 끓인 떡국을 바구니에 담아 큰댁의 어른들을 뵈러 갔다. 사촌형님이 미리 봐둔 상에 떡국을 올리고 어른들께 세배 드렸다. 새벽길을 걸어 두 백부님 댁에 들렀다가 돌아올 때면 뿌옇게 먼동이 트곤 했다.

새벽 다섯 시면 기상을 해야 하는 설날 아침은 밤이 늦어서야 잠드는 나에겐 고문이었다. 전날까지 음식 만드느라 지쳐 새벽에 일어나지 못할지도 모른다는 불안감이 컸다. 자다 깨기를 수없이 하다 새벽을 맞았다. 그즈음 어머님은 주방에서 달그락달그락 그릇 소리를 냈다. 밤새 제대로 자지 못하고 뒤척이다 새벽에야 선잠 들었을 며느리를 깨우는 당신만의 방법이었다.

친인척이 한곳에 모여 사는 집성촌이라 명절이면 들고 나는 사람들을 위해 수시로 상을 차려야 했다. 외며느리라 명절 끝엔 며칠씩 앓아눕곤 했다. 어머님은 조상님께 올리는 음식은 정성이라고 하시며 손이 많이 가는 음식이나 고명은 당신이 손수 만들었다. 거기엔 일머리가 부족한 며느리를 배려하는 마음이 담겨 있었다. 맞벌이를 하고 있어 명절이나 집안 행사 때만 들르곤 하는 며느리를 가르치는 일에도 너그러웠다.

제사 음식은 언제나 밤이 늦어야 끝이 났다. 큰 광주리를 그득하게 채울 만큼 전이며 생선, 튀김을 해냈다. 음식 중에 기억나는 것은 찹쌀을 빻아서 만든 떡 위에 곶감을 썰어 올렸는데, 고명이 꽃처럼 피어나곤 했다. 고명을 얹은 음식 중에 가장 고운 것이 찹쌀부꾸미였다.

음식의 화룡점정畵龍點睛은 고명이란 걸 알게 된 것도 그 무렵이다. 손대지 않은 것, 예를 갖춘 것, 그것이 고명의 고유함인지도 모른다. 음식을 만드는 사람은 행사의 성격에도 맞추지만 먹는 사람들을 생각하며 재료를 준비한다. 정성으로 만든 음식은 감동을 준다. 그리고 오래도록 그 기억을 잊지 못한다. 어렸을 적 어머니가 해준 음식을 나이가 들어서도 찾는 이유가 거기에 있다.

제사를 집으로 모셔 온 지 십여 년이 되었다. 이제는 설날 새벽에 기상할 일도 없고 밤새 잠 설칠 일도 없어졌다. 세배를 하기 위해 집을 나설 일도 없으니 설날 아침이 많이 단순해졌다. 가끔 떡국을 끓일 때면 새벽에 일어나 육수를 불 위에 올리던 일이 생각난다. 찬바람 스며드는 주방 창턱에 올려져 있던 고명이 담긴 사기그릇의 모습이 눈앞에 보이는 듯하다.

지금의 나는 그 시절 어머님보다 훨씬 나이가 많다. 살아가는 일도 어쩌면 고명으로 음식을 완성하듯, 부족한 것을 하나씩 채워가는 것인지도 모른다. 음식 문화에 많은 변화가 있었지만 떡국의 고명은 예나 지금이나 제 역할을 톡톡히 한다.

떡국을 그릇에 담는다. 소고기 간 것과 채썬 달걀, 김 가루를 고명으로 얹으니 먹음직스러워 침이 고인다. 식기 전에 먹어야지 하고 그릇을 당긴다. 낮달 하나가 숟가락 위에 뜬다.

기림사의 소국

시월로 들어선 들녘은 가을걷이로 분주하다. 느티나무 가로수도 가을빛이 완연하다. 바쁜 일로 외출을 못 하고 살았던 나도 갑갑하고, 강아지 뚠이도 측은해 보여 나선 길이다.

일주문을 지나 올라가자 국화 향기가 바람결에 묻어온다. 기림사는 반려견 출입이 가능한 사찰이라 가끔 들르는 곳이다.

앞장서 걷던 뜬이가 향기에 이끌려 절 화단 꽃 더미에 얼굴을 묻는다. 벌이 윙윙거리는 꽃 속으로 들어간 녀석이 좀체 나오려고 하지 않는다. 목줄을 당기니 하얀 얼굴에 노란 꽃가루를 뒤집어쓴 모습이다. 사람들이 웃음을 머금고 바라본다. 경내는 시선이 가는 곳마다 국화가 장관이다. 무리 지어 핀 국화는 멀리서 보면 환상적이고, 가까이서 보면 송이마다 사랑스럽다.

자연스러운 것이 마음을 끈다. 야생이나 화단에서 자란 꽃은 꽃가지가 뒤틀리고 늘어져도 오히려 여유롭게 느껴진다. 땅과 꽃이 조화롭다. 옆으로 뻗은 가지를 슬쩍 당기듯 묶어둔 끈이 아니라면 양옆으로 계속 뻗어나갈 것 같은 착각이 든다. 수만 수천 송이의 소국을 보며 눈으로 담고 향기에 취하니 극락이 이런 곳이 아닐까 싶다.

기림사의 소국은 넓은 터를 차지하고 피어있다. 화단으로 조성된 곳엔 간혹 다른 꽃나무도 있지만 대다수가 소국이다. 적당히 거리를 두고 심은 꽃나무의 간격이라든지,

최대한 자연미를 살리려는 세심함도 엿보인다. 절집 사람들의 정성이 느껴진다.

사람의 일도 꽃을 꽂듯 배경을 선택하고 원하는 대로 살 수 있다면 얼마나 좋을까. 어디를 더 잘라내고, 다듬어야 내가 정淨해질 수 있을까. 가만히 내 안을 들여다본다. 불현듯 커다란 항아리에 물을 채우고 소국을 잘라 꽂아 보고 싶어진다.

화단에 핀 소국 중에 모난 것을 전지하면 어떨까. 눈 잣대를 댄다. 자그마한 자연석 뒤로 몸을 숨긴 소국 가지를 자르고, 비가 오면 흙탕물에 젖을 듯이 모로 꺾어져 있는 꽃가지도 솎는다. 사람 발길이 뜸한 모퉁이의 꽃도 조금 잘라 보탠다. 이쯤에 항아리 하나 저 모퉁이에 또 하나를 앉혀놓고 물을 길어 채운다.

항아리 입구에 열십자 형으로 나무를 고정시켜 입막음 한다. 반을 여백으로 두고 긴 꽃가지를 골라 첫 주지主枝를 세운다. 뒤틀려 고개 숙인 소국은 양지를 향해 꽂아주고, 옆으로 뻗은 가지는 생긴 대로 놔둔다. 이때 오랜만에 찾은 내 마음의 고요와 여유도 함께 꽂는다. 상상 속 무형식의 꽃꽂이가 이렇게 완성된다.

남편 손에 이끌려 가던 뚠이가 되돌아와 사색을 깨운다. 화단 앞에 방문객들이 소국과 눈을 맞추며 도란도란 정담을 나누고 있다. 꽃과 사람이 있는 풍경은 언제 봐도 아름답다. 그래서 꽃이 요람에서 무덤까지 함께하는 것일까. 소국처럼 축하에 쓰이는 꽃이 있는가 하면 대국처럼 위로에 쓰이는 꽃도 있으니 말이다.

뚠이를 데리고 걸음을 옮긴다. 인생의 가을에서 만난 소국을 보며 생각이 많아진다. 저 꽃은 내년이면 다시 피는데 사람은 단 한 번 살다가 간다. 나무나 꽃들보다 인간이 나은 게 무얼까. 자연 앞에 한없이 겸허해지는 순간이다.

범종루가 보이는 승방 툇마루에 잠시 앉는다. 뚠이를 축담 양지에 앉히고 주변을 둘러본다. 앞마당 소나무와 향나무가 고졸한 건물들과 어우러져 운치를 더한다. 여백을 많이 준 사찰 마당은 편안함을 준다. 눈을 들어 먼 산 능선을 바라본다. 산이 누워 있는 소의 등처럼 순해 보인다. 해가 저만큼 이울고 있다. 산속의 시간은 더 빠르다. 기림사의 하루가 저물어 간다.

같이 가자

올겨울이 왠지 춥게 느껴진다던 어머니다. 윤달이 있어서 그런 것 같다고 하면서도 더디게 오는 봄이 기다려지는가 보다. 라일락 꽃대에 망울망울 맺힌 꽃이 추위 탓에 더 크질 않는다며 소식을 전해 온다.

요즘 들어 훌쩍 늙어 버린 어머니는 이런저런 이유로 자식 호출이 잦다. 기억력도 인지 능력도 떨어져 한 말을 또 하고 한다. 상추씨를 뿌려 놓고 어린잎이 올라오는 일까지 전한다. 이제는 미각이 떨어져 어떻게 해야 맛난 음식을 할 수 있는지 묻기도 한다.

코로나로 왕래가 어려웠던 몇 년 사이에 기억력이 현저히 나빠진 어머니다. 늙음이란 그늘이 덮치고 있다. 이럴 땐 자식들이라도 자주 찾아뵈면 좋으련만, 그것도 쉽지 않다. 가까이 사는 장남은 자주 들르는 편이지만 두 동생과 나는 멀리 살아 안부전화로 대신한다. '사랑은 잘 해주는 것이 아니라 시간을 공유하는 것'이라던데….

심심하다며 오전에 전화를 하시더니 몇 시간도 지나지 않아 다시 전화벨이 울린다. 오일장에 가는 길에 '사전연명의료의향서' 신청을 하고 왔다며 목소리가 밝다. 그것도 외삼촌과 같이 다녀오셨다고 한다. 읍내 나가는 길에 외삼촌댁에 들러 보건소에 동행하셨단다. 그리고 약속이나 한 듯이, 환자가 되었을 때 임종 과정만 연장하는 연명의료는 중단할 수 있도록 결정하신 것이다. 잘하셨다고 할 수도, 왜 가셨냐고 나무랄 수도 없어 마음이 착잡했다. 얼마 전

경로당에서 이야기를 듣고 가 봐야지 마음먹은 걸 실천하신 거였다. 나는 보건소로 향하는 두 분의 모습을 떠올리다 눈시울이 붉어졌다.

집에서 30분 거리에 사는 외삼촌은 하루가 멀다 하고 안부 전화를 하고, 때로는 전동휠체어를 타고 어머니 집에 다녀가시곤 한다. 외삼촌에게 누나는 엄마 같은 존재다. 불편한 몸으로 바깥나들이를 하는 동생이 위험해 보여서, 혹시 당신을 찾아오다 다치면 어쩌나 어머니는 걱정이 많다.

두 분은 부모님이 일찍 세상 떠나 서로를 애틋하게 챙긴다. 오빠와 막내 남동생을 먼저 보내고 남은 핏줄이라곤 외삼촌뿐이다. 그러니 하나 남은 동생에게 더 각별하다.

어머니와 외삼촌의 결정은 적잖은 충격이었다. 평소에도 마지막 가는 길이 숙제 같다고 하시더니 잠 못 드는 밤이면 온갖 생각을 다 하셨으리라. 자식을 편하게 하는 일이라면 못 할 일이 없다던 당신이었다. 그래서 자신이 할 수 있는 일이 그뿐이라 여기셨던 모양이다. 아흔을 향해가는 두 분의 결정이 많은 생각을 하게 한다.

의학이 발전하면서 인간의 수명은 길어지고 있다. 효가 우선인 게 옛말이 된 현실이다. 병이 깊어지면 병원으로 갔다가 요양원으로 가는 코스가 자연스러운 일이 되어버렸다. 환자를 둔 가족들은 생사를 두고 도덕적인 딜레마에 빠진다. 연명치료를 해야 하는지, 아니면 포기를 해야 하는지를 결정을 내려야 한다. 그런 일을 겪지 않기 위해 판단력이 있을 때 해 두는 게 맞지만 용기와 신념이 없으면 쉽지 않은 일이다.

사람이 살아가는 궁극적인 목표는 건강하고 행복하게 사는 것이 아닐까. 삶의 끝에 와서 그런 결정을 하게 된 두 분의 마음이 자꾸만 들여다봐진다. 자식들 걱정 덜어주려는 몸짓이다 싶어 마음이 아프다.

지난 설에 다녀간 딸을 기다리다 못한 어머니가 라일락 꽃 피면 연락할 테니 꼭 다녀가라고 한다. 꽃을 핑계로 딸을 부르는 어머니의 봄맞이가 가슴을 찡하게 한다.

풀칠

연일 폭염이다. 이런 때는 건물 외벽에 서서 단열재 붙이는 일을 하는 동생이 걱정스럽다. 높은 곳에 올라가 있을 때 볕을 가려 주는 건 안전모 하나뿐이다. 더위와 씨름할 걸 생각하면 안쓰러운데 일에 열중하다 보면 더위를 느끼지 못한다고 오히려 나를 안심시킨다.

동생이 높은 곳에 오르는 까닭은 먹고 살기 위해서다. 꿈을 이루는데 자신감을 잃지 않기 위해서다.

그는 화선지에 그려놓은 그림이나 글씨를 한층 돋보이게 해 작품의 완성도를 높이는 직업을 가지고 있었다. 화가들이 맡긴 그림을 표구해 주고, 좋은 그림을 사서 보관했다가 표구해서 팔기도 했다. 그림을 보는 눈도 제법 깊었고 솜씨가 섬세해서 단골도 많았다. 본인만 부지런하면 얼마간의 저축도 하며 살겠다 싶었는데 시절이 달라졌다. 한때 성행하던 그 일도 재미가 없어졌다.

1980년대 때를 만났던 표구 일은 IMF를 겪으며 사양길로 들어섰다. 한번 나빠진 경기는 쉽게 살아날 줄 몰랐다. 표구가 사치는 아니었으나 고미술이나 표구 쪽의 일이 사양길로 접어든 계기가 되었다.

동생의 첫 직장이었던 그 일은 장년기에 들어서며 접었다. 남은 것이 있다면 표구할 때 쓰던 연장들이다. 호시절을 그리워한들 유행처럼 그런 날이 돌아올까 마는 그래도 그는 믿고 싶어 한다. 창고에 보관해 둔 연장들을 언젠가는 다시 꺼내 쓸 수 있으리라고.

사라진 직업이 많은 세상에 우리는 살고 있다. 할 일이 많아야 인정이 살아나고 사람들 마음에 훈기가 있을 텐데 일자리가 줄어들어 걱정이다. 조금씩 잊혀가는 직업들, 누군가는 아직 그 직업을 손에서 놓지 않고 살아가지만 밥벌이가 되지 못한다면 막막할 수밖에 없다.

얼마 전에 만난 동생이 고향 집에 표구 작업을 할 수 있는 공간을 만들 거라며 설계도를 보여 주었다. 묵혀둔 남새밭에 푸성귀를 심고, 틈틈이 표구 일을 하겠다는 거였다. 비록 예전처럼 호황을 누리지는 못하겠지만 좋아하던 일을 다시 시작한다니 응원해 주고 싶었다.

"누나, 문화재 복원 일을 하려면 국가자격증이 있어야 한다네."

전화기를 통해 들리는 동생의 목소리에 심란함이 느껴진다. 요즘은 '표구 기능사'를 길러내는 학과가 생겨 대학 졸업 후 시험을 치른다고 한다. 기술보다는 자격증이 먼저인 현실이고 보니 다시 그 일을 하기 위해선 자격증 공부도 필요하다.

시험은 일 년에 한 번 있다. 연장을 싣고 하루 전에 시험

장소인 공주로 가서 자고, 아침 일찍 지정된 장소에 작업대를 설치해 두고 시험 시간을 기다려야 한다. 여간 번거로운 일이 아니다.

시험을 치르는 일이 순발력으로 치자면 젊은 사람들을 따라갈 수 없으나 손으로 하는 정교한 작업이라 연륜을 무시할 수는 없다. 나이 든 이들이 시험이란 장애 앞에 멈칫거렸지만, 이순이 된 동생은 용기를 내고 있다.

자격증이 우선인 일이 표구에만 있는 것이 아니다. 치齒기공사도 마찬가지라는 말을 들었다. 대학에 전문 기공사 학과가 생기자 학생들이 졸업하고 사회로 나와 자격증을 취득한다. 표구와 치기공 일은 누구든 연륜이 쌓이면 잘할 수 있겠지만 그래도 기술은 오래 해왔던 사람이 월등하지 않을까. 옛것의 명맥을 이어가기 위해서는 젊은 층이 뛰어드는 게 맞다. 하지만 일에 능숙한 장인들이 물러남은 안타깝다.

평생 해온 일을 버리고 새로운 일을 한다는 건 쉽지 않다. 나이가 들수록 더 어렵다. 한 가지 기술로 평생 먹고살 수 있으리라 믿었고, 그렇게 살아왔던 사람들은 빠른 변화에 어리둥절하고 있다. 나이가 결코 숫자만이 아니다.

동생은 그동안 외장재 붙이는 일을 했으니 손이 많이 무디어졌을 것이다. 하지만 국가가 원하는 자격을 갖춘 후 다시 예전처럼 일을 받아오고, '문화재복원' 일도 하게 된다면 그의 꿈은 이루어지리라. 풀칠은 이제 그에게 삶의 목적이 되었다.

은행을 먹으며

흩날리는 은행잎이 늦가을 정취를 더한다. 행인들이 바람에 떨어진 은행을 밟지 않으려는 몸짓이 사뭇 장난스럽다.

한때는 가로수로 사랑받던 은행나무가 사람들에게 외면받는다. 열매의 표피를 싸고 있는 특유의 냄새 탓이다. 암수 중 열매를 맺지 않는 수나무만 두고 잘라낸다는 소문도 들린다. 나무는 때가 되면 잎이 나고, 열매를 맺으며 자연의 순리대로 살 뿐인데 사람이 마음대로 생사를 선택한다.

냉동실에 넣어둔 은행을 꺼내 버니를 손으로 벗겨 낸다. 처음 가져왔을 때는 초록색을 띠던 알맹이가 미색米色으로 변해 있다. 잘 달구어진 프라이팬에 은행을 올린다. 은행이 익느라 몸집을 부풀리는 모습을 보며 그해 가을을 떠올린다.

몇 년 전, 두 아이가 경기도 문산에서 군 복무를 했다. 네 살 터울이었던 아이들을 먼 곳으로 보냈다고 생각했으나 작은아버지가 사시는 곳이라 마음이 든든했다. 작은아들이 첫 휴가를 다녀가고, 얼마 후 면회를 갔다. 부대에서 아들을 데리고 나와 초등학교 경비 일을 하시는 작은아버지를 찾아뵈었다. 아이들이 돌아간 운동장은 적요했고, 오후 햇살을 받은 은행나무는 눈부시게 아름다웠다.

작은아버지는 우리가 온다는 소식에 며칠 전부터 운동장 주변의 은행을 털었던 모양이었다. 인사를 하고 나오는데 3kg쯤 되는 은행을 주셨다. 힘겹게 은행을 따 씻어 말렸을 것을 생각하니 가슴이 먹먹했다.

작은아버지는 지병이 있던 숙모가 세상을 떠나자 사십 년을 넘게 해온 가게를 처분했다. 일흔 중반의 나이에 소일거리를 찾아 문산 근교의 초등학교에 취직한 거였다. 그곳은 요양 병원에 들어가시기 전까지 당신의 마지막 일터였다.

학교에서 일한 지 3년 되는 해, 작은아버지가 쓰러졌다. 큰 병원에서 뇌수술을 받고 퇴원 후 요양병원으로 가셨다는 소식을 들었다. 고향에 내려가 사는 것이 소망이었지만, 끝내 못 이루고 요양병원에서 세상을 떠나셨다.

싹이 튼 지 20년 이상이 지나야 열매를 맺는 은행나무는 공손수公孫樹라고 하며 껍질을 벗겨 말린 씨를 백과白果라 한다. 은행나무는 오랜 시간을 인류와 함께 살아왔다. 부모의 유전자가 자식들에게 이어지듯이 생명을 이어온 은행나무를 보면, 키가 자라 열매가 열리고 익어가는 과정이 사람의 일생과 닮았다는 생각이 든다.

성품이 따뜻했던 작은아버지는 일찍 아버지를 여읜 우리 형제들에게 든든한 등이 되어 주셨다. 내가 어렸을 때는 새 학기가 되면 학용품을 사서 보내 주셨고, 나이가 들어 결혼한 후에는 시댁에 경조사 생기면 세상 떠나신 아버지를 대신하여 먼 길을 마다 않고 다녀가셨다. 그때마다 당신의 뒷모습이 고단해 보여 마음이 저렸다. 힘든 일이 있을 때마다 전화를 드리곤 했었는데 이제는 뵐 수가 없다.

식은 은행을 남편과 나눠 먹는다. 고소하고 쌉쌀하다. 그 쌉쌀함 뒤끝에는 늘 작은아버지가 생각난다. 눈을 감으면 운동장 주변에서 노랗게 물들어 가던 은행나무가 눈에 선하다. 해 질 무렵이면 나무들의 그림자가 길게 물러나던 곳. 지금도 그곳에 가면 작은아버지가 장대를 휘두르며 은행을 털고 계실 것만 같다.

마지막 햇살이 은행나무를 비출 때 그 눈부시던 풍경과 당신의 모습을 나는 영원히 잊을 수 없을 것 같다.

뒷모습

아파트 단지 내에 있는 무인 가게에 들렀다. 아이스크림 몇 개를 결제하려다 낭패감을 느꼈다. 기계 화면을 터치해 봐도 반응이 없었다. 간단해 보였는데 그게 아니었다.

손에 든 것이 녹을까 걱정하고 있던 참에 중학생 너덧 명이 들어왔다. 아이스크림을 꺼내 들고 무인 계산대 앞에 섰다. 어깨너머로 계산하는 것을 지켜보다 아이들의 도움을 받았다. 내가 바코드 찍는 것을 빠트린 거였다. 가게를 나서며 무슨 큰일이라도 한 듯 진땀을 닦았다.

평소에 나는 아들에게 많이 의지한다. 며칠 전에도 도움을 받아 카카오 계정을 다시 만들고 비밀번호도 바꾸었다. 언니가 생일이라고 보내준 용돈이 카카오페이로 들어왔다. 순서에 따라 클릭했더니 비밀번호를 입력하라고 했다. 하지만 기억이 나지 않았다. 내 계좌로 넘어가는 과정에서 실패를 거듭하다 결국 아들을 호출했다. 어떤 문제가 생기면 척척 알아서 해주는 아들이 고맙기도 하고, 귀찮게 하는 것 같아 미안할 때도 있다. 스스로 해결책을 찾아야겠다고 마음먹지만 늘 마음뿐이다.

며칠 전 농협에 볼일이 있어 들렀다. 마감 시간이 지났는지 인출기가 있는 공간만 개방해 둔 상태였다. 몇 대의 무인 인출기 앞에 사람들이 둘씩 셋씩 줄을 서 있었다. 맨 끝자리엔 할머니 한 분이 답답하다는 표정으로 기계를 두드리고 있었다. 사람들은 들고 나며 흘깃 쳐다볼 뿐이었다.

"제가 도와드릴까요."

보다 못해 내가 나섰다. 할머니가 의심스러워하는 눈빛으로 돌아봤다. 내가 미소를 짓자 머뭇머뭇하더니 입을 뗐다. 기계에서 이십만 원만 빼달라고 했다. 비밀번호를 물었다. 그랬더니 "그건 안 된다."고 했다. 그럼 돈 찾는 걸 도울 수 없다고 했다. 그러자 귓속말로 번호를 알려 주었다.

할머니가 도움을 청하지 않았던 것은 비밀번호 때문이었다. 남에게 알려주기 꺼림했던 거였다. 기계의 시스템을 이해하지 못한 속내도 들키고 싶지 않았다. 어른이라고 해서 뭐든 잘할 수는 없다. 모르면 묻고 필요할 때는 도움을 청할 수 있는 용기도 있어야 한다.

이제는 인간적인 것들과 조금씩 헤어질 연습이라도 해야만 하는 걸까. 나는 가끔 생동감 있는 사람들이 보고 싶을 때 재래시장을 찾곤 한다. 그곳에선 치열한 삶의 현장을 실감할 수 있어서다. 상인들과 물건을 흥정하며 정이 오가기도 하고, 주고받는 눈빛과 스치는 손길에서 온기를 느끼기도 한다. 부족하면 부족한 대로 상대의 여백을 채워주며 소통해 왔는데, 이제 변화의 시대와 맞닥뜨렸다.

사람과 대면하지 않고 인터넷으로 물건을 사고, 기계로 은행 업무를 보는 시대가 되었다. 마음은 이대로 물 흐르듯 따라가며 살고 싶은데 빠른 변화가 당황스럽다. 가진 것이 없어 초라해지는 게 아니라 적응하지 못해 주눅 들고 쭈뼛거려진다. 마치 이방인처럼 느껴진다. 사람들의 수명이 길어진 만큼 나이 든 사람들을 위한 사려 깊은 대안이 나왔으면 한다.

돈을 받아 든 할머니가 고맙다며 인사를 하고 나갔다. 나도 은행을 나왔다. 저만큼 앞서가는 할머니가 보였다. 굽어진 허리를 낡은 실버카를 의지해 가던 할머니가 힘에 부치는지 가다 서다를 반복했다. 그럴 때마다 바람에 헝클어진 머리를 갈퀴 같은 손으로 쓸어 넘기곤 했다. 늦가을을 배경으로 선 할머니가 겨울나무처럼 추워 보였다.

그 모습에서 머지않은 날 내 모습이 상상돼 서글펐다. '자기의 눈으로 절대 확인되지 않는 뒷모습'[1] 그래서 더 마음 쓰이는 나의 뒷모습이다.

---

1) 나태주 시, 〈뒷모습〉 중에서

그 향

몇 해 전 봄, 철골소심을 선물로 받았다. 억센 이파리 사이에서 올라오는 꽃대가 연연하고 수줍었다. 마치 어린 새처럼 금방이라도 호르르 날아갈 것만 같았다. '순수 청렴'이란 꽃말처럼 청순하고 사랑스러워 시선을 뗄 수 없었다.

철골소심은 꽃을 단 여린 줄기가 가늘고 길며 곡선으로 휘어지는 것이 특징이다. 꽃이 피면 그윽하고 기품 있는 향기가 난다. 잎이 강하고 단단해서 철골이라 부르는 이 난은 여름부터 꽃을 피운다. 날씬하게 뻗어 올린 잎을 보며 사군자를 그릴 때 채본의 역할은 하지 않았나 싶다. 수직으로 올라가다 부드럽게 휘어지는 난 잎을 보면 그것이 단단할 거란 생각을 잠시 접게 된다. 새순이 올라오거나 꽃 몽우리가 보이면 경이롭다. 어느 순간 상앗빛 꽃봉오리가 얼굴을 내밀고 꽃이 피면 그 꽃이 다 질 때까지 나의 설렘도 이어진다.

여름날 오후. 나른해서 안방에 누웠다가 깜빡 잠이 들었다. 꿈속에서 꽃밭을 거닐고 있었다. 천국 같아 오래 머물고 싶었다. 하지만 놀이터에서 떠드는 아이들 소리에 그만 잠이 깼다. 나는 철골소심에 맺혀있던 꽃망울이 생각나 베란다로 갔다. 세 개의 분에서 꽃이 벙글어 있었다. 아마도 열린 문 사이로 향기가 스며들어 꿈으로 이어졌던 모양이다.

꽃향기 하면 떠오르는 기억이 있다. 꽃꽂이 강의를 하던 때였다. 회원 너도나도 내게서 꽃향기가 나는 것 같다고 했다. 향수를 쓰지 않았던 나는 "설마요."라고 하면서 내심

기뻤다. 그 무렵 나는 거의 꽃과 함께 살았다.

지나간 시간을 돌아보면 그 사람의 체취나 향기는 각자가 처한 환경에 따라 냄새가 은근하게 몸에 밴다는 걸 알 수 있었다. 아기에게선 달콤한 젖내가, 간호사에게선 소독약 냄새가, 흡연가에게선 담배 냄새가, 술에 절어 사는 사람에겐 술 냄새가 나는 것과 같다.

계절마다 마주하던 꽃향기가 그리운 날엔 향수 한 병쯤 가지고 싶었다. 그 무렵 말린 꽃을 주머니에 넣은 포푸리가 유행해 차 안이나 방안에 걸어 두기도 하고, 선물로 주고받기도 했다. 생활 꽃꽂이와 다도茶, 도자기 수업이 성행하면서 개인의 정서 함양을 위하는 사람들이 많았으며 천연향이 서민들 삶 속으로 깊숙이 스며들었던 때였다.

누군가에게서 향기가 난다면 그는 어쩌면 인생을 잘 살아온 사람일 것이다. 잘 산다는 것을 내 잣대로 잴 수는 없지만 어렵고 힘든 이들을 위해 희생하고 사는 사람들을 두고 하는 말은 아닐까 싶다.

사람에게서 나는 향기는 사회적 지위나 재물만으로는 얻기 어렵다. 그 사람의 인품이 어우러져야 한다. 인간이 향수를 사용하는 것도 어쩌면 자기 모습을 조금 더 나은 이미지로 포장하고 싶은 심리가 숨어 있는 건 아닐까 싶다. 내가 어떤 향기를 찾으려 했던 것도 그런 마음이었는지도 모른다.

'맑고 향기롭게'는 내 기도 속에서 늘 함께한다. 그렇게 살고 싶은 것이 염원이기도 하다. 누군가 내게 자신 있는 일이 뭔지 묻는다면 꽃을 다루는 일이라고 하겠다. 그 일은 살아가는 의미였고 위안이었으며 나를 완성해 가는 힘이기도 했다. 꽃과 함께하는 시간은 행복했고 생기로웠다. 젊은 날 내게서 꽃향기가 났다면 꽃과 조금 멀어진 지금은 어떨까. 시간이 흐른 만큼 삶의 때가 묻었을 테지만 나름의 좋은 향기를 소유하고 싶다.

가끔 꽃향기가 그리울 때 화장대 위에 놓인 오데코롱 뚜껑을 열어 향을 맡는다. 그곳에서 꽃을 마주하던 기억을 떠올리다 보면 잔잔한 충만감이 밀려든다. 생화와 향수, 이 둘의 공통점이 있다면 향기를 지니고 있다는 거다. 생화의 향기는 오래 머물 수 없는 것이 아쉽지만 생동감이 있고, 향수는 장기간 보관해 두고 사용할 수 있는 장점이 있다.

아무리 잘 만들어진 향수도 자연의 향기에 비할 수는 없으리라. 세상의 많은 향기 중에 묵향을 좋아하는 사람도 있을 테고, 또 어떤 이는 자신만의 추억이 묻은 향기를 기억 속에 간직하고 있을지도 모른다. 하지만 나는 여전히 계절마다 다시 만나는 꽃들의 향기와 어느 봄날 선물처럼 내게 와준 철골소심을 좋아한다. 평소에 내가 스미고 싶은, 내게 배었으면 하는 향이다. 삶이 고단하고 힘이 들어도 맑은 향기만큼은 지니고 싶다.

흐른다

통도사에서 자장매를 본다. 꽃이 진 나무는 한때의 영화를 잃어버린 고가古家처럼 쓸쓸해 보인다. 홍매화 주변은 고요가 흐른다. 처마 끝에 닿을 듯 횡형橫型으로 뻗어 있던 가지가 짧고 단조롭다. 가지치기를 한 모양이다. 오래된 나무에서 볼 수 있는 운치가 사라져 버린 것 같아 아쉽다.

"꽃이 피는 건 힘들어도 지는 건 잠깐이더군"

어느 시인의 시구를 떠올리며 꽃이 한창이었을 때를 상상해 본다. 어느 해는 꽃 피는 때 맞춰 왔더니 벌새가 꽃에 부리를 묻고 꿀을 따고 있었다. 사진작가들 틈에서 찍은 사진을 다시 꺼내 보며 꽃이 풍성했던 그 봄을 떠올린다. 온통 부산하고 화사했던 그날은 나무 주변을 서성이던 사람들이 홍매화를 보며 나처럼 설레는 것 같았다.

오늘은 법회가 없는 날이어서 절집이 더 적막하다. 스님 몇 분과 잿빛 옷차림의 보살들만 가끔 눈에 띈다. 아직 겨울의 그림자가 남아 있는 음지에서는 추위가 느껴진다. 청매화 나무에는 좁쌀만 한 꽃망울이 맺혀 있다. 몇 발자국 거리에 봄과 겨울이 공존하는 것 같다. 목이 선뜩해서 가방에 넣어 두었던 스카프를 꺼내 두르고 들어간 길을 되짚어 나온다.

성보박물관 옆 근처엔 돌로 만든 드무가 있다. 넘칠 듯 차 있는 물이 투명한 거울 같다. 푸른 하늘과 구름, 바람에 떨어진 나뭇잎이 떠 있다. 바람이 분다. 물이 흔들리더니 이내 고요해진다. 좀 더 걸어 나오니 계곡물이 청량한 소리를 낸다. 살얼음 아래로 흘러내리는 물이 생명력을 느끼게 한다. 흐르다 바위에 부딪혀 주춤하다가 빙빙 돌아서 제 갈 길을 간다. 물은 내게 세상일도 서두르지 말고 기다렸다 돌아갈 줄도 알아야 한다는 것을 알려 주는 듯하다.

공직에 있었다면 퇴직을 했을 나이의 나. 여유를 가질 만한 나이가 되었으나 실상은 그렇지 못하다. 고향엔 구순의 시어머님이 계시니 자주 찾아봬야 하고, 구순이 눈앞인 친정어머니도 늘 마음이 쓰인다. 어쩌다 우리 집으로 오게 된 반려견도 나를 분주하게 만든다.

남편이 사업을 시작한 지 이십 년이 넘었다. 몇 년 전, 거래 업체에 부도가 나면서 일감이 사라졌고, 묶여 있던 대금을 받지 못해 경제적 손실까지 입었다. 그 일로 인해 몇 년이 지난 지금까지 어려움을 겪고 있다.

팬데믹 상황은 개인 사업자인 남편을 힘들게 하고 있어 옆에서 보기에 조마조마하다. 어려운 경제와 코로나까지 겹쳐 언제까지 이 상황을 견뎌내야 할지 걱정이다. 남편은 지금 상황을 마치 안개 속을 걷는 기분이라고 한다. 그가 느끼는 긴장감이 고스란히 내게 오니 불안한 마음으로 바라보게 된다. 그럴 때면 자연에서 생기를 얻고 싶은 생각이 들곤 한다. '삶의 자리에서 다른 풍경을 보려면 내가 있던 자리를 바꾸어야 한다.'는 말을 생각하며 집을 나선 날이다.

귀갓길 소나무 숲에서 부는 바람을 맞으며 걷는데 마음이 한결 가볍다. 내려가는 길에 자리한 쉼터엔 차를 마시는 이들이 한가로워 보인다. 버스 시간만 아니라면 나도 잠시 여유를 누리고 싶다. 하지만 내쳐 걷는다.

계곡 근처를 지나자 소나무 옆 진달래꽃이 화사하다. 나뭇가지 사이로 계곡물과 부딪히는 윤슬이 눈부시다. 물이 오르고 있는 잡목들과 길가에 핀 냉이꽃과도 눈인사를 한다. 멈추었다가 다시 걷는 길. 어쩌면 세상의 모든 것은 시간 속에서 그렇게 흐르고 때론 멈추기도 하며 돌고 돌아가는 게 아닐까, 그런 생각을 해본다.

변화를 기다리는 시간이 길게만 느껴진다. 코로나가 종식되고, 어려운 경제에도 봄이 오는 날, 살아남은 이들의 고통이나 슬픔도 옛이야기가 될 것이다. 그때가 되면 힘들었던 시간을 잘 이겨낸 이들의 얼굴에 미소가 떠오를 것이다. 그러니 지금은 잘 견디는 법을 배워야 한다.

이른 봄날의 오후. 길 위엔 봄이, 그 봄을 데려온 시간이 흐르고 있다.

버스 정류장에 닿으니 출발 시간이 된 차량이 시동을 걸고 있다. 나는 희망이 봄처럼 오리라 믿으며 이 기운을 집으로 가져간다.

라벤더 향기로 말을 걸다

햇살 따사로운 아침나절에 베란다로 나가 화초에 물을 줬다. 물줄기를 따라 시선을 돌리다 내 눈을 의심했다. 추위에 고사한 줄 알았던 라벤더가 수십 대의 꽃대를 밀어 올리고 있었다.

겨우내 커다란 벤자민 뒤에 두어 잊어버렸던 화분이었다. 수식으로 뻗은 꽃대를 세어보니 오십여 송이가 넘었다. 라벤더는 봄내 내 눈길을 받았다. 그리고 온 힘을 다해서 마지막 꽃을 피웠던 것을 안 것은 그해 여름이었다.

다음 해 봄, 포토 분에 담긴 라벤더를 여러 개 사서 큰 화분에 옮겨 심었다. 아침에 보니 라벤더가 시들어 있었다. 사 온 흙을 섞어 다시 심어 보았으나 영 기운을 못 차렸다. 허브라는 식물이 까다로운 것을 그동안 잊고 지냈다.

마흔에 들어섰을 때 플라워숍을 열었다. 사월 중순쯤 가게를 찾아온 남자가 있었다. 명함을 주며 허브 분을 받아보라고 권했다. 그 무렵 울산 근교에 허브 농장이 생겼다는 걸 알았으나 상품으로 판매하는 곳이 없었다. 가끔 TV에서 영상으로 봐왔던 라벤더를 직접 보게 되어 반가웠다. 잎이 무성하거나 모양이 예쁘진 않았지만 처음엔 다 그런 줄만 알았다. 허브에 대한 환상이 있었던 터라 라벤더와 로즈마리 분 두 개씩을 제법 많은 돈을 주고 들여놓았다. 혼자서는 들지 못할 정도로 컸다. 그는 관리 방법을 알려주고 다음에 또 오겠다는 말을 남기고 돌아갔다.

로즈마리 잎이 무성해지고 라벤더 꽃대가 쑥쑥 올라오리라 상상하며 정성을 다했다. 하지만 얼마 가지 못해 생기를 잃디니 잎이 떨어져 나갔다. 도저히 회생할 것 같지 않아서 명함에 적힌 농장에 전화했다. 허브 상태를 들은 그는 환경이 맞지 않아서 그런 것 같다며 조금만 더 두고 보라고 했다. 하지만 남자는 다시 오지 않았다. 시간이 제법 지나고서야 알았다. 자신의 농장에서 키운 허브들을 판매하기 위해 길을 찾고 있었고, 마침 관심을 보이던 초보 꽃집 주인에게 가뿐히 안기고 갔던 것을….

그 기억이 옅어져 갈 무렵 태화강이 한눈에 내려다보이는 동네로 이사를 했다. 노을이 물들 시간이면 태화들로 산책을 나갔다. 봄은 언제나 태화들에서 시작되는 것 같았다. 봄 꽃자리에 늘 보던 꽃만 심어서 변화가 필요하다는 생각이 들 즈음이었다. 산책을 하던 중 라벤더를 다시 만났다. 주변엔 다양한 향기 식물들과 차茶 나무까지 있었다. 마치 정서가 비슷한 사람들이 전원에 집을 짓고 모여 살 듯, 군락을 이루고 있었다.

그 후 몇 년이 지난 지금 라벤더밭의 범위는 한층 넓어졌다. 지난봄엔 오래된 라벤더를 뽑아내고 묘목 티를 막 벗은 것으로 교체하여 심었다. 꽃밭의 흐름이 단절돼 보여

아쉬웠다. 하지만 한 일 년쯤 지나면 라벤더의 키는 더 자랄 테고 잎도 무성해질 터이니 기다리면 되었다.

우리나라는 겨울이 춥고, 여름은 고온다습해 라벤더 재배가 어려웠다. 하지만, 아열대로 변한 기후로 가능하게 되었다. 라벤더는 물 빠짐이 좋고, 햇볕과 바람이 적당한 곳이면 잘 자란다. 물론 다양한 연구로 우리 땅에서 재배할 수 있도록 품종 개량을 한 이유도 있다. 근래엔 강원도 고성과 광양, 정읍 등에서 라벤더 축제를 열기도 한다.

유럽이 원산지인 라벤더를 영국과 미국에서는 정유精油를 얻기 위해 심는 반면, 남부 유럽에서는 꽃을 팔 목적으로 심는다고 한다. 라벤더는 품질 좋은 향수나 화장품을 만드는 주된 재료이기도 하다.

꽃집을 운영하던 그때는 온실에서 허브 식물을 키워 막 상품화를 시도할 무렵이었다. 하지만 나는 라벤더의 생태를 잘 알지 못했다. 그 때문에 제대로 길러 보지도 못하고 보내야 했다. 하지만 지금은 다양한 허브 종류를 꽃집에서 살 수도 있어 누구나 쉽게 라벤더를 만날 수 있다. 마음만 먹으면 축제를 여는 곳으로 가서 꽃을 감상할 수 있게 되었다.

라벤더는 무리 지어 피었을 때가 더 아름답다. 저만큼 거리에서 바라보면 이국적인 분위기도 느껴진다. 20여 년 전 허브가 귀했을 때는 이런 날이 오리라 상상도 못 했다. 상실감을 가져 본 나는 덕분에 라벤더에 대한 허기진 마음이 메워지고 있어 감사하다.

서녘 하늘에 노을이 물들고 라벤더밭에 어스름이 내려앉으면 보랏빛 꽃은 마치 꿈을 꾸는 듯하다. 산책 나온 이들은 꽃을 배경으로 사진을 찍으며 좀체 자리를 뜨지 못한다. 가까이 다가가 손끝으로 꽃대를 살짝 건드리면 라벤더는 향기로 말을 걸어온다. 나도 그렇게 잠시 대화를 나누곤 한다.

봄꽃이 지고 계절 바뀌는 길목에서 피는 꽃은 많지 않다. 그래서 라벤더에 더 애정이 간다. 꽃이 다 질 때까지 볼 수 있는 꿀벌들의 유영은 덤이다. 라벤더를 더 많이 심어서 '태화들' 하면 라벤더를 떠올리게 하는 것은 어떨까. 라벤더 향기가 흩날리는 태화들, 상상만 해도 즐거워진다.

하지윤 수필집

인쇄 2023년 9월 21일
발행 2023년 9월 27일

지은이 하지윤
발행인 서정환
펴낸곳 수필과비평사
주소 서울시 종로구 삼일대로 32길 36(익선동 30-6 운현신화타워 빌딩) 305호
전화 (02) 3675-3885, (063) 275-4000 · 0484
팩스 (063) 274-3131
이메일 sina321@hanmail.netessay321@hanmail.net
출판등록 제300-2013-133호
인쇄 · 제본 신아출판사

ISBN 979-11-5933-487-0 03810
값 14,000원

* 이 책은 2023년 울산문화관광재단 ULSAN CULTURE & TOURISM FOUNDATION 의 문예진흥기금을 지원받아 발간했습니다.